文化创意产业的经济效应

The Economic Effect of Cultural Creativity Industry

周永根　著

中国纺织出版社

图书在版编目(CIP)数据

文化创意产业的经济效应/周永根著.—北京：中国纺织出版社，2018.9

ISBN 978-7-5180-3962-3

Ⅰ.①文… Ⅱ.①周… Ⅲ.①文化产业—研究—中国 Ⅳ.①G124

中国版本图书馆 CIP 数据核字(2017)第 208152 号

责任编辑：汤　浩　　　　责任印制：储志伟

中国纺织出版社出版发行

地址：北京市朝阳区百子湾东里 A407 号楼　邮政编码：100124

销售电话：010—67004422　传真：010—87155801

http://www.c-textilep.com

E-mail:faxing@e-textilep.com

中国纺织出版社天猫旗舰店

官方微博 http://www.weibo.com/2119887771

北京虎彩文化传播有限公司　　各地新华书店经销

2018 年 9 月第 1 版第 1 次印刷

开本：710×1000　1/16　印张：12.375

字数：230 千字　定价：58.00 元

作者简介

周永根，湖南浏阳人，毕业于中国科学院研究生院、中科院科技政策与管理科学研究所管理科学与工程专业，获管理学博士学位。现为湖南省社会科学院产业经济研究所助理研究员，主要从事城市运行与发展、区域经济与公共治理、公共安全与标准化战略等领域科研工作。

主持国家社科基金项目1项，湖南省社科基金项目3项，湖南省社会科学院青年基金项目1项，湖南省美国问题研究中心基金项目1项，参与国家、省部级项目20余项；独著《城市社区管理与服务设施配置研究》《中国转型期城市风险管理——标准体系与现实路径》2部，合著《世界与中国城市化之路——从理念共识到共同行动》《长株潭城市群蓝皮书2016》等书；编制《社区基础设施配置基本要求》国家标准1项，编制《城市社区网格化划分与设置要求》行业标准1项；在《城市发展研究》《城市问题》《科学学研究》等期刊发表学术论文20余篇，其中被CSSCI/CSCD国内数据库收录10余篇。

序 言

市场经济建立以来，中国经济得以快速发展，中国经济发展取得了举世瞩目的成就，经济综合实力跃居世界前列。2011 年，国内生产总值 达到 471,564 亿元，比上年增长 9.2%，成为全球第二大经济体，中国已从一个“人口大国”发展成一个世界“经济大国”。但是，伴随着经济的快速发展，我国资源日益短缺，环境日益恶化，我国传统经济发展模式不可持续，实现经济模式的转型发展是经济发展的客观要求。

近年来，以“知识”和“文化”为主要内容的“新经济”在经济发展中的重要性日益显现，依托新技术和新模式发展起来的文化创意产业获得了高速发展。目前，文化创意产业的迅速成长已经成为发达国家和地区经济发展的重要特征，以创新、创造、创意为核心的文化创意产业的发展规模和水平，正在逐渐成为一个国家或地区综合竞争能力强弱的重要标志之一。英国、日本以及我国香港、台湾等国家和地区的文化创意产业获得了蓬勃发展，并日益成为这些国家和地区经济的支柱产业。我国北京、上海、深圳、杭州等地的文化创意产业在政府政策的扶持和引导下，取得了巨大的进展。但是，从全国整体来看，我国文化创意产业总体的发展规模仍不大，且地区之间文化创意产业发展很不平衡。

文化创意产业的高速发展有赖于其丰富的内涵与外延，其产品与服务具有高渗透性、高附加值、高辐射性等特点，在产业发展的同时还对地区经济增长质量的提升有重要贡献。当前从国内外实践情况来看，一个国家文化创意产业的快速发展，除了作为新的经济增长点之外，文化创意产业还能通过多种积极的经济效应间接地提升经济效率、优化产业结构，升级传统产业、拉动就业增长，推动经济增长质量的全方面提高，对当地经济发展产生明显的推动作用。因此，在新一轮的全球化竞争中，研究文化创意产业对经济增长质量的关系具有较强的理论与实践意义。

本研究首先对文化创意产业与经济增长质量进行了概念界定，并对文化创意产业相关的经济理论以及经济效应进行综述，为全面分析文化创意产业对经济增长质量的影响研究奠定了基础；文化创意产业对经济增长质量的影响机制研究，主要包括对经济增长质量具有较强的代表性的三个方面，即经济增长研究、产业关联研究、就业效应研究。

本研究理论分析部分以文化创意产业的资本属性与经济增长机制、价值链与产业关联作用以及对就业的直接影响与波及效应为基础，分析了文化创意产业作为持续创新的经济动力，如何实现对经济效率、产业关联与就业增长的促进作用；实证研究部分，以北京市为例，从经济效率、产业结构和就业增长三个方面对文化创意产业的贡献进行理论研究与实证分析，从经济理论的层面探索其内在的发展特征和规律。采用总量分析和结构分析相结合的方法，分别通过协整分析、因果分析以及利用修正C—D生产函数建立回归模型进行文化创意产业发展对地区经济效率与总量的贡献分析，从产业关联的角度利用投入产出法的相关系数进行文化创意产业对其他产业的关联与贡献分析，从就业弹性、就业成长空间、结构偏离度以及就业的波及效应等角度分析文化创意产业的就业贡献，最后在研究结果的基础上提出了我国发展文化创意产业促进国民经济发展的若干政策。

The Economic Effect of Cultural Creativity Industry

ABSTRACT

Since the establishment of the market economy, China has been developing rapidly, China has achieved remarkable achievements of economic development, and the economy comprehensive strength has reached the forefront in the world.China 's gross domestic product reached 47.1564 trillion Yuan in 2011, an increase of 9.2% over the previous year, thus China has been second largest economy in the world, and China has developed from a "big country" into a "economic power" in the world. However, with the rapid development of economy, owing to China's growing resources shortage, environment worsening and unsustainable traditional economic development model, it is objective requirement of economic development to realize the transformation of economic model development.

In recent years, the importance of "new economy" with the "knowledge" and "culture" as the main content has becoming more and more important, culture creative industry relying on new technology and new mode has obtained rapid development. At present, the rapid growth of the cultural creative industry has become the important characteristics of economic development in the developed countries and regions, the scale and level cultural of creative industry characterized innovation, creation, creativity as the core of the development, is gradually becoming an important symbol of comprehensive competition ability strong or weak in a country or a region. Culture creative industry obtained the vigorous developmentin Britain, Japan and Hong Kong, Taiwan etc. and regions in China, and has increasingly become the pillar industry of the national and regional economic. The cultural and creative industries have made great progress with the support and guidance from government policies in Beijing, Shanghai, Shenzhen and Hangzhou. However, the overall development of cultural and creative industries in China is still small, and the cultural—creative industries in the region is unbalanced.

Cultural—creative industries are rich in connotation and denotation, whose products and services of high permeability, high value—added, high radiation, have an important significance on regional economic growth quality. Current practices from both at home and abroad, Cultural—creative industries' development lies not only in its own data of the statistics, but also because of the indirect effects on improving economic efficiency, optimizing the industrial structure, upgrading of traditional industries, as well as promoting an increase in employment, so as to improving the quality of economic growth. In the new round of global competition, cultural—creative industries play a strong theoretical and practical significance on the economic development.

This study firstintroduces the definition of cultural—creative industry and quality of economic growth, it provides a basis on a comprehensive analysis of the cultural—creative industries on economic growth quality. This study focuses on the influence mechanism of the cultural and Creative Industries Research on the quality of economic growth, mainly including three aspects is representative of the quality of economic growth, economic growth, industry related and employment effect.

The theoretical analysis section of this study analyses on economic momentum of continuous innovation based on economic characteristics of cultural — creative industries; and studies the mechanism promoting economic efficiency, industry association and employment growth from the perspective of the industry association. The empirical analysis section, combining with the total analysis and structural analysis, calculates the contribution to economic efficiency by revising Cobb—Douglas production function, analyzes the upgrade effect of cultural—creative industries on traditional industries from the perspective of the industry association and the employment contribution from the perspective of the employment elasticity and employment growth space. On the basis of above—mentioned studies, this paper proposes a number of targeted policies by raising the cultural—creative industries to promote Chinese economic development, including foster the production factors of cultural—creative industries, strengthen industrial interaction and play its external effects, and so on.

目　录

序　言 …… 1
ABSTRACT …… 1
第 1 章　绪论 …… 1
1.1　研究背景 …… 1
1.1.1　粗放型经济增长方式转型面临的困境 …… 1
1.1.2　创意经济已成为全球经济增长的新引擎 …… 4
1.2　研究缘起 …… 6
1.3　研究意义 …… 7
1.4　研究内容 …… 8
1.5　研究方法 …… 10
第 2 章　研究综述 …… 12
2.1　文化创意产业的文献综述 …… 12
2.1.1　文化创意产业的起源 …… 12
2.1.2　文化创意产业的概念 …… 13
2.1.3　文化创意产业的特征 …… 19
2.2　经济增长质量的文献综述 …… 22
2.2.1　经济增长质量的提出 …… 22
2.2.2　经济增长质量的界定 …… 23
2.3　文化创意产业与经济增长质量相关理论 …… 26

2.3.1 文化创意产业与熊彼特创新理论 …………………… 26
2.3.2 文化创意产业与分工协作理论 ……………………… 27
2.3.3 文化创意产业与现代经济增长理论 ………………… 28
2.3.4 文化创意产业与非均衡增长理论 …………………… 29
2.3.5 文化创意产业与经济增长质量相关研究综述 ……… 30
2.4 小结 ……………………………………………………… 40
第3章 国内外文化创意产业的经济效应案例分析 ……… 42
3.1 英国文化创意产业 ……………………………………… 42
3.1.1 英国文化创意产业的概况 …………………………… 42
3.1.2 英国文化创意产业的就业增长效应 ………………… 43
3.1.3 英国文化创意产业的经济增长效应 ………………… 43
3.1.4 英国文化创意产业的产业结构效应 ………………… 45
3.2 美国文化创意产业 ……………………………………… 47
3.2.1 美国文化创意产业概况 ……………………………… 47
3.2.2 美国文化创意产业的就业增长效应 ………………… 48
3.2.3 美国文化创意产业的经济增长效应 ………………… 50
3.2.4 美国文化创意产业的产业结构效应 ………………… 50
3.3 北京文化创意产业 ……………………………………… 51
3.3.1 北京文化创意产业概况 ……………………………… 51
3.3.2 北京文化创意产业的就业增长效应 ………………… 52
3.3.3 北京文化创意产业的经济增长效应 ………………… 53
3.3.4 北京文化创意产业的产业结构效应 ………………… 54
3.4 上海文化创意产业 ……………………………………… 54
3.3.1 上海文化创意产业概况 ……………………………… 54
3.3.2 上海文化创意产业的就业增长效应 ………………… 56
3.3.3 上海文化创意产业的经济增长效应 ………………… 58
3.3.4 上海文化创意产业的产业结构效应 ………………… 59
3.5 深圳文化创意产业 ……………………………………… 62

3.5.1　深圳文化创意产业概况 ………………………………… 62
3.5.2　深圳文化创意产业的就业增长效应 ……………………… 62
3.5.3　深圳文化创意产业的经济增长效应 ……………………… 63
3.5.4　深圳文化创意产业的产业结构效应 ……………………… 63
第4章　文化创意产业对经济增长效率的影响 ……………………… 65
4.1　经济增长及其影响因素 ………………………………… 65
4.2　文化创意产业的资本属性与绩效分析 ………………………… 69
4.2.1　文化创意产业的资本属性 ……………………………… 70
4.2.2　文化创意产业的微观绩效 ……………………………… 74
4.2.3　文化创意产业的宏观绩效 ……………………………… 79
4.3　文化创意产业影响经济效率的机制 ………………………… 82
4.3.1　持续创新机制 …………………………………………… 82
4.3.2　扩散及溢出机制 ………………………………………… 84
4.3.3　资源转化机制 …………………………………………… 85
4.4　文化创意产业发展对经济增长质量的实证分析 …… 88
4.4.1　指标的选择与数据说明 ………………………………… 89
4.4.2　数据的处理 ……………………………………………… 89
4.4.3　文化创意产业与经济增长质量的协整分析 ……………… 91
4.4.4　文化创意产业与经济增长质量的因果分析 ……………… 94
4.4.5　文化创意要素对经济增长总量的贡献分析:增长模型的实证分析 ……………………………………………… 96
4.5　结论与启示 ……………………………………………… 98
第5章　文化创意产业对产业结构的影响 ……………………… 100
5.1　文化创意产业的产业关联结构分析 ……………………… 100
5.1.1　基于产业链的文化创意产业关联结构 ………………… 101
5.1.2　基于产业融合的文化创意产业关联结构 ……………… 103
5.2　文化创意产业的价值关联分析 …………………………… 107
5.2.1　文化创意产品的价值构成 ……………………………… 107

5.2.2 文化创意产业的价值链与人力资源价值创造 …… 108
5.2.3 文化创意产业价值链的扩展:促进传统产业升级 …… …… 111
5.3 文化创意产业对产业结构影响的实证研究 …… 116
5.3.1 文化创意产业数据的说明及调整 …… 117
5.3.2 文化创意产业的前向关联分析 …… 119
5.3.3 文化创意产业的后向关联分析 …… 122
5.3.4 文化创意产业的中间需求和中间投入分析 …… 126
5.3.5 文化创意产业的波及效应分析 …… 129
5.4 结论与启示 …… 135
第6章 文化创意产业对就业增长的影响 …… 138
6.1 问题的提出 …… 138
6.2 文化创意产业相关就业理论 …… 140
6.2.1 业务外包理论 …… 140
6.2.2 产业波及理论 …… 142
6.3 文化创意产业促进就业增长的定性分析 …… 142
6.3.1 文化创意产业的直接就业效应 …… 143
6.3.2 文化创意产业的间接就业效应 …… 144
6.4 生产性服务业就业吸纳能力的实证分析 …… 146
6.4.1 文化创意产业的就业现状 …… 146
6.4.2 文化创意产业的就业弹性 …… 148
6.4.3 文化创意产业的结构偏离度 …… 150
6.4.4 文化创意产业的成本费用利税空间 …… 152
6.4.5 文化创意产业的波及就业效应 …… 154
6.5 结论与启示 …… 157
第7章 文化创意产业提升经济增长质量的结论与启示 …… 159
7.1 研究结论及政策启示 …… 159
7.2 研究展望 …… 165

参考文献 ………………………………………………… 166
　　英文文献 ……………………………………………… 166
　　中文文献 ……………………………………………… 168
后　记 ………………………………………………… 181

第1章　绪论

1.1　研究背景

1.1.1　粗放型经济增长方式转型面临的困境

(1)粗放型的经济增长方式难以为继

随着中国经济的持续粗放式增长,资源瓶颈与环境压力正逐步加重,这一增长方式的极限正在出现。《增长的极限》(1972)曾经预言,一旦全社会的物质生产和人口增长的压力超越了资源与环境的承受极限,若不采取积极的措施适度协调二者的关系,将产生严重的后果。我国在改革开放以来30多年发挥了后发优势,在引用外国先进技术的同时,利用本地较低的劳动力成本与丰富的矿产资源,取得了巨大的经济成就;然而粗放型的数量扩张模式同时也给资源环境带来了巨大的压力,自然资源供给瓶颈以及持续恶化的环境问题正日趋严重。研究报告显示,21世纪头20年,我国将迎来铁、铜、铝等资源的消耗高峰,依据我国现有资源的供给能力,资源供给缺口则分别达到30亿吨、5000—6000万吨、1亿吨。[①]

“十一五”之后，资源的供需矛盾更为突出，目前45种主要矿产的现有储量，可以保证或基本可以保证需求的只有26种；另外，石油、铁、锰、铅、钾盐等大宗矿产，后备储量严重不足，已无法满足我国目前的消耗速度，供需缺口将持续加大，粗放型的经济增长方式给资源造成了巨大的压力。据统计，2010年，我国45种主要矿产资源只有不到20种能依靠国内保障供应；到2020年，这一数字将减少到10种以下；到2030年，则可能只有2—3种，其中氧化铝、铁矿石等关系国家经济安全的重要矿产资源将长期短缺。[②]

(2)制造业长期处于价值链低端

在国际分工中，我们的制造业一直处于产业链的低端，“中国制造”造就了中国经济的快速增长，同时也带来了上述资源与环境的持续增长的压力问题；除此之外，如果不解决这一问题，随着国际市场空间以及我国资源成本的提高，这一优势将难以支撑我国经济的持续发展。

初期我国是以廉价的要素价格融入世界经济的，利用劳动力成本、要素价格等低层次优势获得国际的加工制造订单。然而高级生产要素的匮乏决定了我国产品的附加值偏低，产业的创新能力差，而且这一制造业环境也严重制约着国内企业的自主创新，从而产生恶性循环：低层次竞争优势——产品附加值低——高级生产要素匾

① 熊韶辉.论中国实现石油安全的贸易战略和策略[D].对外经济贸易大学，2007.

② CMIC .CMIC：加强资源循环利用 推进城市矿产开发. http://www.ccidreport. com/market/article/content/3720/…/488726. html，2017，5，4.

乏——自主创新能力弱——产业技术能力低下。

长期处于价值链的低端，在大量耗费我国矿产资源与造成环境压力的同时，收益却与代价不匹配。发达国家控制着价值链上游的研发环节和下游的品牌营销环节，掌握着产业的关键技术和关键环节，形成自身强大的品牌形象，并控制着产品最终定价权，获取产品生产流程中的绝大部分利润。据相关报告显示，发达国家占有了90%以上的利润，而承担了大量制造加工生产工作的绝大多数发展中国家仅仅获得其中不到10%的利润。① 如何增加自主创新能力，实现我国制造业价值链的高端化，是提高我国经济增长质量的重要环节。

(3)经济总量与结构性失业压力巨大

就业问题是经济问题也是社会问题，就业状况是经济增长质量的重要反映。在目前经济增长方式转变与产业结构优化升级的背景下，我国同时面临着总量与结构性的就业压力。总量压力是由于我国之前一直处于人口红利时期，劳动人口基数大，农村剩余劳动力多，随着制造业国际市场的萎缩以及用工成本的不断升高，第二产业的就业规模亦难以维持高速的扩张，所以在我国大人口基数的环境下，总量就业压力将在很长的一段时间存在；但同时老龄化社会、“民工荒”等总量的袭来揭示出另外的总量，即结构性就业总量的变化。

随着产业结构的升级优化，企业的转型与新兴行业的兴起，对劳动者素质与能力结构的要求发生了变化，劳动者的素质与能力需

① 王炤坤.科学发展观视野下资源型地区经济转型路径研究[D].山西财经大学，2013.

要进行调整，以实现劳动力需求与供给的平衡，但这一调整并非一蹴而就，需要时间来加以调整，所以，结构性的就业总量在另一方面加剧了就业问题的严峻性与长期性。温家宝总理在中国发展高层论坛2010年会中曾坦言中国的失业人口达2亿，远高于城镇登记失业率，说明隐性失业情况的普遍存在，我国在一段时间内就业的结构压力与总量压力都会伴随着经济增长的整个过程。

1.1.2 创意经济已成为全球经济增长的新引擎

实际上，20个世纪90年代，国外经济学者们已经意识到资源环境压力将给人类发展带来制约，并针对后工业社会的特点，努力寻找刺激经济发展的新动力源。1985年起，先进国家率先开始创意经济时代挺进，创意资本作为新的经济增长源泉，至今为止仍然显示出强大的经济潜力，甚至有学者提出，21世纪的经济属于创意经济。①

创意经济是传统产业向现代化跨越的推进器，创意与创新不同，与提高生产效率相比，创意更注重的是满足人类日益增长的消费需求，创意是对艺术和其他知识产品、智能产品的创新和创造。创意产业是建立在国家或地区的文化基础之上的，与传统文化产业的范围大体相同，可以说是信息时代文化产业的新形态，它包括影视、设计、多媒体、音乐、音像制品、演出、出版、广告等十多个具体门类。与传统文化产业相比，创意产业更强调了人类创意与制造业的结合，在以企业作为核心的基础上，实现文化创意、工业制造、金融制造、政府扶持四个方面的有机结合。各先进国家的实践证明，创

① 盛垒．创意产业：21世纪新的经济增长点[J]．市场研究，2006，(01)：18－22.

意产业具有独特的爆炸式的发展路径与财富就业效应，其正在全球各国迅速地被重视、被作为重要经济发展战略来推行。英国学者约翰·霍金斯在《创意经济》一书中明确指出，全世界创意经济每天创造220亿美元，并以5%的速度递增。[①] 弗罗里达《创意经济》一书中也指出，创意部门占美国总就业人数的30%，总工资和收入的一半。[②]

目前，文化创意产业已经不仅仅是一种能够创造巨大经济效益的直接现实，更成为各个国家提升综合竞争力的重要策略。近年来，先进国家纷纷出台相应的创意经济策略，并获得了较好的经济与社会效益。英国作为创意产业策源地，自1997年英国政府成立创意产业特别工作小组以来，创意产业发展迅猛并迅速成为英国的第一大产业，成功推动了英国文化的出口，有效地抵补了货物贸易逆差，并改变了国际上英国工业国家的旧有印象。美国随后亦实现了大规模的全球扩张，国际知识产权联盟报告中称："美国版权产业在对GDP的贡献和就业水平两方面，已经持续超过美国经济的其余部分，而且在美国出口增长中也扮演着日益突出的角色。20世纪末，新加坡将文化创意产业定为21世纪的战略产业，成为亚洲国家中最早提出发展文化创意产业的国家，其出台的"创意新加坡"计划中提出试图树立"新亚洲创意中心"。[③] 韩国政府喊出"资源有限，创意文化无限"的口号，加速发展文化创意产业。[④] 日本提出了"独

① 约翰·霍金斯.创意经济[M].上海三联书店，2006,12.

② [美]弗罗里达.创意经济[M].中国人民大学出版社.2006,6.

③ IIPA.2013世界知识产权报告[R].2013.

④ 穆宝江.韩国文化产业发展与中韩文化产业合作[D].吉林大学，2012.

创力关系到国家兴亡”的理念。[①] 在这些国家和地区，文化创意产业已成为经济发展的支柱产业，增加值超过 GDP 的 1/5。[②]

文化创意产业在我国的起步虽然较晚，北京、上海、杭州、重庆、南京、青岛等地纷纷把目光投向了这一新兴产业，政府与企业均对此表现出极大的热情。《北京市促进文化创意产业的若干政策》的发布将发展文化创意产业确定为实现可持续发展的一项重要战略决策，明确指出放宽社会资本进入文化创意行业的市场准入条件，支持创意研发与鼓励自主创新，并提出相应的资金支持与融资优惠、知识产权保护政策与人才引进政策；上海市委、市政府及相关部门分别从文化、企业、知识版权、技术创新不同角度制定相关的措施，编写《上海创意产业发展重点指南》，并逐年发布《上海创意产业发展报告》；杭州市委、市政府亦明确提出推动文化创意产业发展的战略，根据当地的自身优势重点发展信息服务业、动漫游戏业、设计服务业、现代传媒业、艺术品业、教育培训业、文化休闲旅游业、文化会展业这八大门类。

1.2 研究缘起

文化创意产业在当今世界经济发展中的出现与繁荣是一种新的经济现象，对于这一经济现象，传统经济理论已经不能十分有效地进行解读与分析。约翰·霍金斯在《创意经济》一书中明确指出，全世界创意经济每天创造 220 亿美元，并以 5%的速度递增；在英

① 武青艳. 日本创造技法的地域性特征及其文化解读[D].东北大学，2012.

② 李舫. 呼唤文化创意产业的崛起[N].人民日报.2006，12，18.

国、美国等发达国家，文化创意产业迅速成为其数一数二的支柱产业；而在一些资源紧缺型国家或地区如日本、韩国，文化创意产业更是有效获得了成功，克服了当地资源瓶颈，从而取得持续性的经济高速增长。[①] 这高速的价值创造背后的经济学原理是怎样的运作？文化创意产业有着哪些经济属性、特征与发展规？近年来，我国北京、上海等地均把目光投向了这一新兴产业，两地文化创意产业的增加值分别达到了 GDP 的 12%与 10%[②]；除了直接的经济动力之外，它表现出较强的综合影响力，在资源环境的约束下，对于地区经济转型与产业升级有效地提升经济增长质量，促使地区经济增长方式从粗放的数量扩张向集约的质量发展转变，其内在的作用机制又是如何？北京市在发展文化创意产业上具有很强的代表性，作为一个自然资源紧缺文化资源丰富的特大型城市，文化创意产业的发展对地区经济增长质量存在着怎样的规模、质量、结构关联？这些问题都是本研究关注的重点。

1.3 研究意义

根据前面的分析，文化创意产业在短短的几年时间的实践中取得了迅猛的发展，但作为一个实践先生的产业，其理论研究从总体上仍处于起步阶段。在过往相关的研究中，均以个别现象的描述性研究为主，对其整体内在机制的研究还不够深入，另外由于统计资

① 约翰·霍金斯.创意经济[M].上海三联书店，2006，12.

② 龚莎，韩庆. 2014 年上海文化创意产业增加值占 GDP 比重达 12%[EB/OL]. http://sh.people.com.cn/n/2015/0205/c347221－23807969.html.2017，5，3.

料的不足等问题，对于该产业的实证研究较少。本研究力争在经济理论层面较全面地分析其对经济增长质量的作用机制，并以北京市为例实证研究其对经济增长质量的贡献，具有重要的理论与现实的意义。

从理论上来说，第一，借助有别于传统产业的新的经济理论来认识文化创意产业这个新兴产业，成为各国强劲的新经济增长点的本质及背后的规律，有益于确立文化创意产业发展的理论基础；第二，通过研究文化创意产业产品价值、产品功能、产业关联等方面的特点，分析其对经济增长提升的作用机制，特别是如何通过重塑产业结构、扩展经济增长路径等方式发挥其潜在的作用，带动国家与地区经济的发展。

从实践上来看，目前文化创意产业已经在我国各地区快速发展起来，成为影响当地经济发展的重要因素，在我国转变经济发展方式和调整产业结构的时代背景下，对文化创意产业的研究具有重要的现实意义。第一，通过研究，有助于我们认识文化创意产业的时代意义并重视文化创意产业的发展，知道文化创意产业对于我国经济增长质量的提高所具有的不可替代的作用；第二，给现有经济运行方式的改善提供文化创意产业促进经济发展的理论模型，倡导将创造作为经济发展的新动力与新资源以促进产业结构调整升级、转变经济增长方式。

1.4　研究内容

创意时代的核心是文化创意产业，要实现创意时代的经济赶超和提升经济增长质量。推进文化创意产业的发展十分重要。由于文化创意产业尚属于新兴产业，对其中某些现象的特征、相互作用以及变化趋势等客观规律的研究还在不断摸索之中。本研究正是试图从经济学的角度考察文化创意产业的形成和发展变化，侧重从经济学的相关理论与客观规律来分析文化创意产业中的活动和现象，探索其内在的发展特征和发展规律，从而为我国通过发展文化创意产业促进经济增长质量提供理论借鉴。

本研究共分为七个部分。

第一章：绪论。主要阐述本研究的背景、缘起和意义，并且对本研究的内容和方法作了说明。

第二章：研究综述。本章主要是文化创意产业及经济增长质量的相关经济增长理论综述，对文化创意产业进行概念界定，并对文化创意产业与部分经济增长理论的相关性进行分析和综述。

第三章：国内外文化创意产业的经济效应案例分析。本章对国外的英国、美国的文化创意产业，以及国内的北京、上海、深圳的文化创意产业，以就业增长效应、经济增长效应、产业结构效应三个方面逐个进行分析。

第四章：文化创意产业对经济增长效应的影响研究。本章从文化创意产业的资本属性与绩效出发，主要通过研究文化创意产业的持续创新机制、溢出与扩散机制与全要素生产率增长机制，分析持续创新对经济效率提升的作用；基于运用时间序列数据，实证分析文化创意产业发展水平对人均收入与经济效率的协整与因果关系；通过修正后的 C—D 生产函数建立文化创意产业、经济增长的回归模型，进行文化创意要素、物质资本与劳动力对经济总量的作用大小比较。

第五章：文化创意产业对产业结构的影响研究。本章主要对文化创意产业与产业结构的关联分析，采用定性与定量分析相结合的方式，从产业关联的角度阐述文化创意产业对产业结构升级的内在机制，并运用投入产出法对文化创意产业与传统生产部门的投入产出关系进行分析，揭示其对传统产业升级改革的推动作用。

第六章：文化创意产业对就业结构的影响分析，文化创意产业对就业结构的优化起到一定的作用。文化创意产业通过直接效应与间接效应对就业增长起到明显的促进作用，利用相关数据定量分析两种效应的贡献度。

第七章：文化创意产业提升经济增长质量的政策启示。该部分是建立在前文分析的基础上，根据文化创意产业影响经济发展的机制和路径，有针对性地提出了如何通过发展文化创意产业促进地区经济质量提升的政策启示，包括确立文化创意产业为重要经济战略、培育文化创意产业生产要素、加强与传统产业互动、发挥文化创意产业外部性、为其发展提供良好的环境与条件等对策。

1.5 研究方法

本研究的研究思路是采用定性分析与实证分析相结合，先对文化创意产业的本质属性及其内涵进行了界定，从其发展的规律特征利用相关的经济学理论分析文化创意产业的经济效应；然后在此基础上从它对经济效率、产业关联、就业增长三个方面的影响进行了理论分析，并运用计量经济学、产业经济学、创意经济学的相关理论，运用协整分析、格兰杰因果分析以及利用修正后 C－D 生产函数建立回归模型进行计量分析，量化文化创意产业发展对经济效率与规模的贡献度；并利用投入产出法进行关联分析与波及效应分析，以及就业弹性与就业成长空间的角度，分别对文化创意产业的产业关联与就业贡献进行了实证研究分析；最后提出发展文化创意产业的政策分析；该思路决定了本研究的研究边界和框架，所有内容都是在这一框架下完成的，如图 1-1 所示。

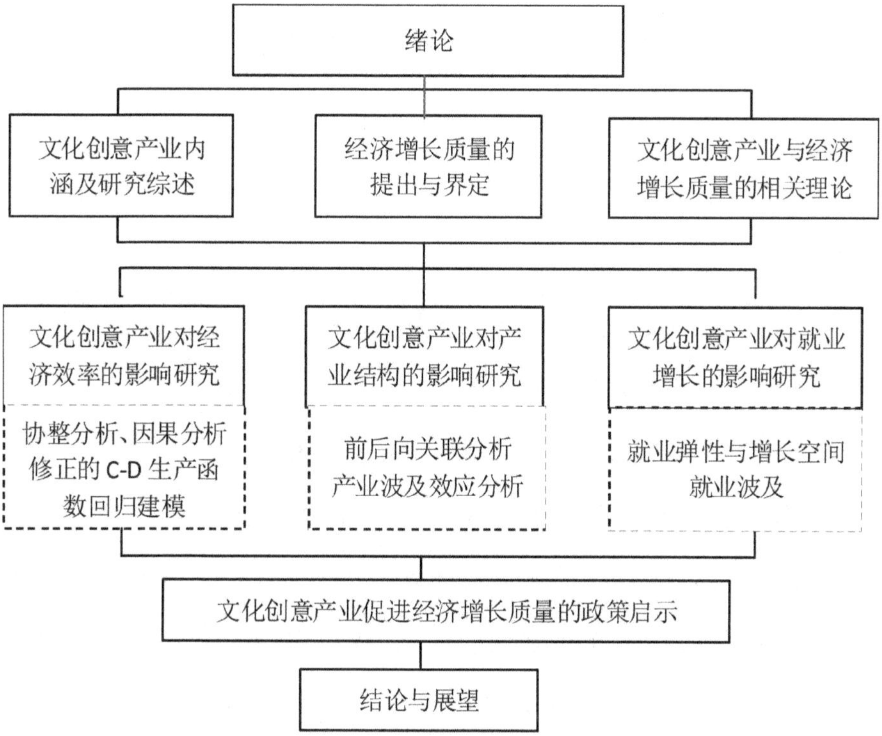

图 1-1　技术路线图

第2章 研究综述

2.1 文化创意产业的文献综述

2.1.1 文化创意产业的起源

近年来，在全球化的消费环境中迅速发展起来的一门推崇个人创造力、强调文化艺术对经济的支持与推动的新兴文化理论与实践，被称之为创意经济；文化创意产业起源于此，在其他国家或地区将类似的实践活动又称为创意产业、版权产业、内容产业等，学者普遍认为这一产业最早可以追溯到熊彼特的创新理论。①②③ 虽然各国或地区考虑自身的比较优势或侧重点，对文化创意产业采用不一样的命名，然而其本质与核心内涵是相同的，其产业划定的定位均

---

① 代明，殷仪金，戴谢尔. 创新理论：1912—2012——纪念熊彼特《经济发展理论》首版100周年[J]. 经济学动态，2012，(04)：143－150.

② 候彬，邝小文. 熊彼特的创新理论及其意义[J]. 科学社会主义，2005，(02)：86－88.

③ 朱红恒. 熊彼特的创新理论及启示[J]. 社会科学家，2005，(01)：59－61＋70.

是指创意思维在文化基础的滋养之下衍生出新产品、新服务，创造出新市场，积累新财富的一系列实践过程。近年来，文化创意产业的浪潮推动着各先进国家的新一轮经济增长，实现了后工业化时期产业结构的成功转型及国家与地区综合竞争力的极大提升。

文化创意产业被正式归类为一个独立的产业，普遍被认为起源于英国。①②③ 1997 年在英国布莱尔政府的支持下，英国创意产业特别工作组成立，采用创意产业的概念强调文化与创意的经济化过程，并于 1998 年出台《创意产业专题报告》，确定英国在知识经济、信息时代的新发展战略，目的在于跨越英国在后工业时期的发展瓶颈，并通过文化创意的传播改变国际对英国老旧工业国家的印象，提升国家的形象与软实力。此后，各国政府亦开始重视文化创意产业的规划，十年间，许多发达国家诸如美国、澳大利亚、日本、韩国等国家的文化创意产业均得到了极大的发展，创意经济已经成为各发达国家发展战略的首要选择之一。④

2.1.2　文化创意产业的概念

文化创意产业是一门实践先行的新兴产业，各国根据其各自的比较优势或侧重点，分别对其进行了界定并采用了各自的命名方式；除了各国政府的定义各异之外，文化创意产业在学术界的定义

---

① 刘平. 英国、日本、韩国创意产业发展举措与启示[J]. 社会科学，2009，(07)：53－60＋188.

② 李明超. 创意城市与英国创意产业的兴起[J]. 公共管理学报，2008，(04)：93－100＋127.

③ 张文洁. 英国创意产业的发展及启示[J]. 云南社会科学，2005，(02)：85－87.

④ 文婷，徐亚男. G20 国家创意产业发展影响因素评价与研究[J]. 地域研究与开发，2015，(01)：1－7.

也还没有统一的定论。在实践方面，各国根据经济实际与各自的发展战略，主要采用列举法确立各自文化产业的范围。

(1)国外政府对文化创意产业的界定

英国：1997 年 5 月，英国为重塑英国经济雄风，扭转经济颓势，改变其老旧工业国家的印象，提升国家的形象与软实力，布莱尔政府成立了创意产业工作小组，并于 1998 年在《创意产业专题报告》中首次对创意产业进行了界定。这份报告采用“创意产业”的命名，并第一次给出了明确的定义：“源于个人创造性、技能与才干，通过开发和运用知识产权，具有创造财富和增加就业潜力的产业。”[①]在这一定义的基础上，英国列举广告、建筑、艺术和文物交易、工艺品、设计、时装设计、电影、互动休闲软件、音乐、表演艺术、出版、软件、电视广播等 13 个行业归入创意产业的范畴。

美国：在美国，文化创意产业被称为“版权产业”，以知识版权为核心将其分为四大类，即核心版权产业、交叉版权产业、部分版权产业、边缘支撑产业。[②] 在其分类当中，核心版权产业主要是指文化艺术类服务业；交叉版权产业主要包括录影机、电子游戏设备等；部分版权产业则是指与设计类相关的行业；而边缘支撑产业是指那些服务于受版权保护的物品宣传、传播、销售等的其他产业。

日本：日本把文化创意产业称为内容产业，其行业范围既包括日本传统意义上的文化信息产业，还加入了现代意义上的信息产业及传播产业的内容，主要包括出版报刊、游戏、音乐和影像，而后具

① 英国文体部.创意产业专题报告[R]. 2008.

② 张昌兵.美国版权产业的海外扩张战略[J].国际经济合作，2010，(12)：73—76.

体又可分为游戏、媒体行业、音乐、印刷出版等6个方面。

韩国：韩国的文化创意产业是指利用产业手段制造、公演、展示、销售文化艺术及用品，并以此为经营手段的产业，利用该定义列举包括影视、广播、音像、游戏、动画、卡通形象、演出、文物市场、美术、广告、出版印刷、创意性设计、传统工艺品、传统服装、传统食品、多媒体影像软件、网络等行业归入其文化创意产业的范畴。

（2）国外学者对文化创意产业的界定

随着创意实践的不断推广，美国、欧洲、日韩、澳大利亚等各国对文化创意产业的研究成果大大丰富和推进了关于创意部门和创意产业的新观点。在理论研究领域，一些经济学家对文化创意产业发展的过程进行了详细研究和调查，又提出了各自的理解与定义。

有"创意产业之父"之称的英国经济学家约翰·霍金斯在其著作《创意经济：人们如何从思想中创造金钱》（2001）中，把创意产业界定为：其产品与服务都在知识产权法的保护范围内的经济部门。① 霍金斯认为，专利、版权、商标和设计产业四个部门共同构建了创意产业和创意经济。该定义第一次对文化创意产业提出了一个实操性较强的定义分类，同时该定义扩展了创意产业的内涵，将专利研发活动包括自然科学在内的研究活动也纳入创意产业，从而有效地解决了创意活动中科学与文化艺术相分离的问题，强调创意产业中文化与创意、创新相结合；与此同时，该定义还将创意产业从产业层面提升到整个经济系统更新与变革的层面，强调文化创意对经济发展的变革性意义。

① 约翰·霍金斯.创意经济——人们如何从思想中创造金钱[M].上海三联出版社.2001.

克里斯·比尔顿和鲁思·利里认为创意产业的兴起与日益重要的符号产品的生产和消费相联系，其定义是：创意产业生产“符号产品”（思想、体验和形象），其中，价值主要通过使用符号意义来实现，它们的价值有赖于使用者（听众、观众、读者和消费者）解读和发现这些符号的价值从而转化成经济回报。① 这一定义从创意产业的产业化以及创意产业的价值实现角度进行了界定。

文化经济理论家理查德·凯夫斯力图描述和总结当代文化创意产业的特征，他在《创意产业：艺术与商业之间的合同》（2004）一书中从文化经济学的角度，把创意产业定义为：提供具有广义文化、艺术或仅仅是娱乐价值的产品和服务的产业。包括书刊出版、视觉艺术（绘画与雕刻）、表演艺术（戏剧、歌剧、演唱会、舞蹈）、录音制品、电影电视，甚至玩具、时尚和游戏等，这一定义认为创意产业中的经济活动将全面影响当代文化商品的价格和供求关系。②

澳大利亚昆士兰科技大学创意产业学院院长约翰·哈特利教授在《创意产业读本》一书中指出，创意产业是一个历史性的概念，可以追溯到18世纪的“创意艺术”和“文化工业”，它不是一个绝对的理论概念，创意产业最重要的地方在于在普通大众中鼓励知识的增长和创造性参与，使之成为复杂的开放性创新系统的一部分，并强调了艺术与科学的结合，强调了与消费者互动的新理念。③

---

① 克里斯·比尔顿.创意与管理：从创意产业到创意管理[M].新世界出版社，2010.

② [美]理查德·E·凯夫斯.创意产业经济学——艺术的商业之道[M].新华出版社，2004.

③ [澳]约翰·哈特利.创意产业读本.清华大学出版社[M].2007.

(3)国内政府及学者对文化创意产业的界定

当文化创意产业在国际上如火荼地发展的时候，中国的文化创意产业在悄然萌动。台湾地区较早地形成这一概念，并将文化创意产业定义为："文化创意产业源自于创意与文化积累，透过智慧财产的生成与运用，创造财富与就业潜力并促进整体生活环境提升的一系列活动"，其涵盖的内容十分广泛，包括电视与广播、电影、广告、设计产业、出版、视觉艺术、音乐及表演艺术、工艺、文化展演设施、数字休闲娱乐、设计品牌、时尚产业、建筑设计产业和创意生活产业等行业。[①] 随后，香港特区政府提出文化创意产业的相关发展策略，2003年发布的《香港创意产业基线研究报告》中明确提出发展创意产业，分为文化艺术类与设计类，包括艺术品、表演艺术等；电子媒体类，包括数码娱乐、电影与视像、软件与电子计算等；广告、建筑、出版与印刷等。2005年，为了更加清楚地明确发展方向，并强调文化资源在创意活动中的重要地位，更改创意产业的说法，启用文化创意产业这一称谓。台湾与香港对文化创意产业的定义基本沿用了英国对创意产业的界定思路，但是其内涵则同时强调文化的积累和创新创意的理念。[②] 2004年，国家统计局在国内外现有研究的基础上发布《文化及相关产业分类》。2006年北京北京市统计局、国家统计局北京调查总队联合制定、发布了《北京市文化创意产业分类标准》，中国内地首个文化创意产业分类标准出炉，该标准第一次

① 李跃乾. 台湾文化创意产业的发展、经验及启示[J]. 统一论坛，2014，(03)：45—48.

② Stuart Cunningham. Evolution and mutation in the creative industries idea[N], 2005.

对文化创意产业给出了明确的定义："以创作、创造、创新为根本手段，以文化内容和创意成果为核心价值，以知识产权实现或消费为交易特征，为社会公众提供文化体验的具有内在联系的行业集群。"根据这一定义，列举包括文化艺术，新闻出版，广播、电视、电影，软件、网络及计算机服务，广告会展，艺术品交易，设计服务，旅游、休闲娱乐，其他辅助服务 9 大类行业归入文化创意产业的范畴，其中包括 27 个中类行业，88 个小类行业。

文化创意产业在国内的研究处于起步阶段，关于文化创意产业的概念，不同的学者因为学科的差异和研究方法的不同，暂时没有形成较一致的认识。比较具有代表性的有上海社科院部门经济研究所所长厉无畏的观点："创意产业内涵的关键是强调创意和创新，从广义上讲，凡是由创意推动的产业均是创意产业，通常我们把以创意为核心增长要素的产业或缺少创意就无法生存的相关产业称为创意产业"[①]，该定义注重的是文化创意产业的产业性质，强调创意的产业化。另外还有以中国人民大学教授金元浦(2006)为代表的观点："文化创意产业是全球化条件下，以消费时代人们的精神文化娱乐需求为基础，以高科技技术手段为支撑，以网络等新传播方式为主导，以文化艺术与经济的全面结合为自身特征的跨国跨行业跨部门跨领域重组或创建的新型产业集群。[②] 它是以创意为核心，向大众提供文化、艺术、精神、心理、娱乐产品的新兴产业。"该定义强调从需求角度出发，强调文化创意产业的发展过程中的文化内涵的重要性。

---

① 厉无畏.创意产业导论[M[.北京：学林出版社，2006.

② 金元浦.文化创意产业与北京的发展[J].前线，2006(3)：25—26.

2.1.3　文化创意产业的特征

承接与总结国内外对文化创意产业的认识，文化创意产业的价值创造能力以及在经济发展中的重要作用得到了广泛的认同。在其特点方面，诸多学者（张京成，2007；朱晓清，2007；厉无畏，2005等）的表述具有较强的一致性，以下从不同的角度来总结文化创意产业的产业特征。

（1）从经济功能来看，文化创意产业具有高附加值、高增长率、高就业等优点

随着经济的发展、物质生活的丰富，市场上的消费需求发生了变化，从过往单纯的追求产品功能转变为开始关注产品和服务背后的观念价值。文化创意产业通过向产品注入文化创意元素，如艺术、情感和品位等因素，提供区别于其他产品的体验，从而为目前同质化严重的产品市场注入一股新鲜的活力。与我国目前的制造业情况不同的是，文化创意产业是信息整合与技术创新的产物，处于产业链的高端环节，具有较高的附加价值。据联合国统计，文化创意产业占全球GDP的7%，并以每年10%的速度在增长。[①] 其高增长率源于人们日益增长、日益迫切、并在不断释放的文化需求与精神需求。随着社会的不断进步，恩格尔系数的下降，人们可用于购买文化产品和服务的开支比重增加，得益于近年来信息产业的高速发展，这样的文化需求与精神需要得到空前的释放；文化创意产业相对于一般文化产业的区别在于，在满足精神性和休闲性的消费之外，其产品还具有“中间产品”的性质，提供各种各样的生产性服务，

---

① 厉无畏.文化创意的产业化与产业创新[J].同济大学学报（社会科学版），2009(2)：41—44.

属于现代服务业的重要一员。其产业性质决定了其具有更好的吸引劳动力的能力，具有高就业的特点。

(2)从产业关联来看，文化创意产业具有高渗透性、高融合性的特点

渗透性与融合性是文化创意产业最显著的外部特征之一，文化创意产业本身的形成决定了这一点。文化创意产业源于知识经济体系下的经济部门，并随着各经济部门中文化创意产业部分的不断演化壮大，从而使其成为一个独立的产业部门。文化创意产业以创意产品为主体，将其设计创意与商业模式等应用于各行业，其创意产品与服务应用范围较广，包括了三次产业的各个部门，衍生出创意工业、创意农业等新概念。通过各行业相互融合、渗透，这种融合性把技术、文化、制造与服务融为一体，有利于产业的延伸，大大地拓展了经济的发展空间。文化创意产业的渗透性与融合性主要表现在两个方面：一方面，文化创意产业对传统文化产业与高新技术的融合，成为具有极强生命力的产业部门，表现为其自身的高速成长，以及对传统文化产业部门的渗透；另一方面，与传统产业的融合，文化创意产业不受固定的传统行业与产业边界限制，并具有直接关联经济、社会和文化各方面的能力。文化创意产业的高渗透性与融合性，对优化产业结构、促进产业升级、提高经济增长质量具有广泛而重要的意义。

(3)从生产角度来看，具有低消耗、低污染、规模报酬递增的特点

文化创意产业的核心生产要素是知识、信息、文化与技术等无形资产，其生产资料主要是创意个人与创意阶层的智力投入，而非

传统产业的物质资本，具有低消耗、低污染的特点。同样的，由于文化创意产业的无形资源的特点，它还具有规模报酬递增的特点。传统工业与农业部门是物质资源依赖型生产部门，无论是以劳动力或以自然能源与矿藏原料为基础，均存在资源的排他性与稀缺性，这是指传统产品与服务其使用价值只能在某一时刻为某一使用者使用，而且随着资源开发程度的深入，开发成本不断上升，最终导致收益递减。而文化创意产业则与此不同，其非排他性决定了创意能无限次地被复制、传播，再次被使用的成本基本为零，随着生产规模的扩大，创意的固定生产成本会被越来越多的生产的产品均摊，平均成本大幅降低，表现出规模报酬递增的特点。

(4)从外部作用来看，具有高外部性、强辐射性的特点

文化创意产业本身的文化底蕴，以及其产品与服务从长期来看是非竞争性与非排他性的，这些特征决定了其生产的收益将存在着一定程度的外溢，成为经济社会发展的公共知识产品，呈现出外部性的特点。文化创意产业还具有较强的辐射性，如目前的美国文化与日韩时尚的流行现象，通过网络、传媒等方式，将其文化观念在全球范围内传播，同时，该国或地区的产品如服装、化妆品等将更容易被国外消费者接受。在创意经济社会，产品竞争不再单纯依赖其功能性而取胜，更重要的是通过产品倡导或体现的文化来影响或迎合公众的意识形态、价值观念和生活习惯，从而让公众乐于接受这种产品或服务。从目前的产品市场来看，具有较强竞争力的产品，基本都凝聚着较为丰富的文化内涵与价值观念。文化创意产业的强辐射性体现在，通过文化内涵与价值观念的传播，推动富含文化内涵的产品在市场上的扩张，促使产品在一定的消费区域、可消费层

次里面增值、扩展。文化创意产业的外部性与辐射性，对人们消费方式的转变和消费结构的升级产生重要的影响作用，从而间接推动着产业的升级。

2.2 经济增长质量的文献综述

2.2.1 经济增长质量的提出

传统经济增长理论主要研究是的经济增长的数量及数量增长的源泉与动力问题，而质量型经济增长主要关注经济增长的前景、质量与后果问题。经济增长理论从古典理论到今天的内生增长模型，经历了200多年的历史，然而，在这段时间内，大多对经济增长的研究都集中在狭义经济变量的决定上，也就是经济增长的数量问题，而忽视了经济增长的质量问题。片面的追求经济增长数量带来的结构失衡、贫富差距以及资源短缺与环境污染问题，出现了有增长无发展的局面。随着传统增长方式各种弊端的出现，经济增长结构失衡、分配不平等、资源环境代价等问题成为各国学者共同关注的主要课题。在可持续发展理论的指导下，人们开始对传统经济增长方式进行反思，转而追求质量型的经济增长。

自改革开放以来，我国经济高速增长，取得了举世瞩目的成就，成就了中国经济增长的奇迹，但目前中国经济增长的奇迹主要体现在数量上，高数量扩张的同时，质量问题逐渐暴露。比如：经济增长的结构性矛盾突出，经济增长的方式没有根本上改变，经济增长的代价较高，国民经济素质与经济竞争力较弱，以及我国结构性的失业情况等等，这些突出的矛盾和问题正制约着我国经济的可持续发展。

从经济现实的角度来看，经济增长质量对国民经济发展具有非常重要的现实意义，世界银行 2000 年发布研究报告《增长的质量》，引起了世界各国对经济增长质量的关注。在目前的全球化竞争中，我们亦逐渐意识到转变经济增长方式，提高经济增长质量的重要性，特别是在 2008 年，国际金融危机使中国经济遭受到巨大的冲击，随着国际市场的饱和，以及国内生产成本的提高，数量式的经济扩张方式效用将出现递减。温家宝总理多次强调关注就业和经济增长的质量等经济指标，要重视提高经济增长的质量与效益。同时，学者们也呼吁要重视提高经济增长质量，认为中国经济增长质量比较低，强调寻找新的经济增长点，转变经济增长方式。中科院虚拟经济中心成思危认为，在实现“保八”目标的同时，要注意经济增长的质量，保证当前的增长是扎实的、高质量的、要重视经济由数量型增长向质量型增长的转变。

2.2.2　经济增长质量的界定

从现有的文献来看，对于经济增长质量进行系统性讨论的文献相对比较匮乏，而对于经济增长质量的各个侧面来研究其与经济数量的关系的研究较为丰富。

苏联经济学家卡马耶夫（1993）在《经济增长的速度与质量》中认为，物质生产资源变化过程的总和，以及由此而增加的产品数量和提高的产品质量，称为社会经济结构的经济增长；并强调在经济增长这个概念中，不仅包括生产资料的增加，生产量的增长，而且包括产品质量的提高，要素生产效率的提高，消费品消费效果的增长。[①] 温诺・托马斯（2001）在《增长的质量》中提出了一个人力资

① 卡马耶夫.经济增长的速度和质量[M].湖北人民出版社，1983.

本、物质资本和自然资本三种重要资产增长的分析框架，认为在资源总量一定的条件下，一个社会需要从人力资本、自然资本、物质资本中产生最大的收益，将这些方面的增长综合起来，就可以提高经济增长质量。李岳平(2001)认为经济增长质量的质的规定性，指的是经济增长能够长期稳定协调地发展，是一种具有潜力的高效率的增长。[①] 钟学义(2006)把衡量经济增长质量的指标概括为三个方面:反映经济效率的指标(全要素生产率的贡献率、资本与劳动的生产率等)，反映经济结构及变动的指标(产业结构、贸易结构、劳动力结构等)反应经济增长健康程度的指标（就业情况、通货膨胀、环境污染指标等)，经济增长质量的提高体现在经济增长方式的集约化。[②] 李变花(2005)从可持续发展的角度分析，经济增长质量包括增长速度、经济效率、经济稳定、经济结构与环境质量五个方面。[③] 李俊霖(2007)在《中国经济增长质量研究》中认为，经济增长质量的内涵包括有效性、稳定性、协调性、分享性、创新性和持续性六个方面。[④] 钞小静(2009)从经济增长的过程和经济增长的结果，对经济增长质量进行了归纳:第一，从经济增长的过程来看，经济增长质量是指经济增长结构的优化以及经济运行的稳定性。经济增长结构是指经济系统内要素间的联结关系及要素数量间的比例关系，包括产业结构、投资消费结构和区域结构，其中最重要的是产业结构，它

---

① 李岳平.经济增长质量评估体系及实证分析[J].江苏统计，2001，(05):19－22.

② 钟学义，陈平.技术，技术进步，技术经济学和数量经济学之诠释[J].数量经济技术经济研究，2006，(03):156－161.

③ 李变花.中国经济增长质量研究[D].吉林大学，2005.

④ 李俊霖.中国经济增长质量研究[D].华中科技大学，2007.

在一定意义上决定了经济增长的方式。第二，从经济增长的结果来看，经济增长质量是指经济增长带来的居民福利水平的变化分配情况以及资源利用和生态环境的代价。经济增长的最终目的是居民福利水平的改善，包括人力财富、自然与社会环境财富等方面的内容。①

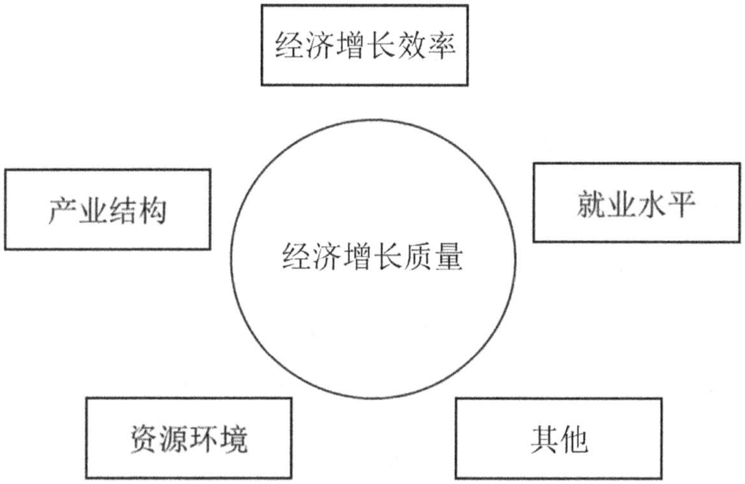

图 2-1　经济增长质量的内涵

综上所述，由于缺乏系统理论的研究，目前对经济增长质量的内涵与界定等的解释并没有达成一致。但我们可以从以下几方面，对经济增长质量进行界定：从时间上来看，指的是可持续的经济增长；从生产效率来看，指的是要素生产率以及资本与劳动生产率的提高；从结构因素来考虑，指的是结构优化升级；从结果来看，就是要解决社会问题，如就业问题、通货膨胀问题以及环境污染等；从消费角度来看，指的是消费结构的优化。

基于上述分析，结合我国目前经济增长中增长方式转型、结构

① 钞小静，惠康. 中国经济增长质量的测度[J]. 数量经济技术经济研究，2009，(06)：75—86.

失衡、就业问题、资源短缺以及环境污染等问题,本研究将经济增长质量界定为:经济增长质量是经济增长的重要方面,经济增长质量的高低,主要由经济运行过程中的时间因素、生产效率因素、结构因素、结果因素上的各项指标来表示,包括经济的持续增长情况与效率提高、产业结构升级优化、就业结构的改善、资源环境的保护情况等。

根据上文对经济增长质量概念的探讨与界定研究,以及文化创意产业与经济增长理论的研究,确定以下文化创意产业对经济增长质量作用的考核模型,包括经济增长的效率、经济增长的产业结构、经济增长的就业结构与其他:

$$Q=Q(TFP, Sructure, Labor, Others)$$

其中 Q 是经济增长质量,TFP 是经济增长的全要素生产率,$Sructure$ 是经济增长的产业结构,$Labor$ 是经济增长的就业情况。$Others$ 是指资源与环境代价、社会福利等。

考虑到环境因素定量考核困难以及文章的篇幅,本研究主要还是围绕经济领域对经济增长质量进行分析,分析模型简化为:

$$Q=Q(TFP, Sructure, Labor)$$

经济增长的质量由三个要素的增长而得到提高,文化创意产业通过作用于这三个要素来影响经济增长质量。具体分析将在后面章节展开。

2.3　文化创意产业与经济增长质量相关理论

2.3.1　文化创意产业与熊彼特创新理论

随着经济社会的不断发展,创新在现代经济增长中起到越来越重要的作用,从数量和质量上极大地推动着经济增长。技术创新与技术进步有差别,它强调的是主动地推动技术进步在纵向上的发展和积累,以此获得技术进步质的飞跃。最先提出创新概念的是美国著名经济学家约瑟夫·熊彼特,他建立了以创新理论为轴心的动态发展理论。熊彼特的创新理论认为,创新是指建立一种新的生产函数,改变以往生产要素的组合比率,把一种从未有过的关于生产要素和生产条件的新组合引入生产体系。理论认为,创意包括五个情况:①引进新产品;②引进新技术,指新的生产方式;③开拓新市场;④控制原材料的新供应来源;⑤实现企业的新组织国。总的来说,主要是包括两个方面:一是生产技术方面的革新,新材料的利用、新工艺的引进促进产品功能的提升;二是生产方式方面的革新,如社会生产和经营管理方式的更新与改进。

文化创意产业的发展过程是一个不断创新的过程,文化创意产业起源于创新理论。文化创意产业的发展,其自身的成长就是一个高度融合的创新活动的过程。另外,文化创意产业的创新成果供社会消费与为生产服务的同时,还能在更大范围、更大程度上对整个社会生产与生活产生一系列深远的影响,本研究中的后续章节会进行专门探讨。

2.3.2 文化创意产业与分工协作理论

亚当·斯密和马克思的分工协作理论是文化创意产业成为独立产业的理论基础。亚当·斯密的《国富论》中分析说,劳动生产率的提升几乎都是分工的结果。它将分工分为三个阶段:第一是企业内分工,第二是企业间分工,第三是产业分工与社会分工。他认为,随着经济的发展与产业间的相互渗透,这三种分工方式与专业化将进一步深化,从而提高社会的生产效率。[1] 马克思认为生产组织方式的选择有助于优化资本的利用,他认为分工与协作具有更高的生产效率,采取这种生产组织方式就成为资本家的普遍行为,以便利用分工的优势降低成本,另外建立在协作基础上的企业生产,可以产生比分散生产更高的效率。

文化创意产业的发展正是由于各经济部门中创意生产部门的不断壮大,并在各行业间不断渗透的条件下产生的。现代产业的发展中,在各种产品与服务的功能价值基本满足人们消费需求的基础上,更高层次的文化精神消费需求逐渐显现并呈现出极大的市场潜力。文化创意产业成为一个独立的经济部门,产生规模效益以生产出丰富的文化创意内容以满足市场需要,并通过其高渗透性、高辐射性、外部性等特征参与到产业链条当中,实现有效的分工协作,从而提高生产效率。

2.3.3 文化创意产业与现代经济增长理论

传统经济增长理论认为,经济增长依赖于可利用物质要素、资本和劳动力,技术进步被假定为某种外生力量所决定,并按照一定的外生速度发展。直到 20 世纪 80 年代中后期,以罗默、卢卡斯为代表的一批经济学家,提出了内生经济增长理论,内生增长理论强调经济增长不是外部力量(外生技术进步速率等),而是在经济体系内部力量(如内生技术变化)的结果,理论重视研究与开发、开放式经济、劳动分工与专业化、知识外溢、人力资本的积累。[2] 该理论认

---

① 亚当·斯密.国富论[M].中央编译出版社, 2010.

② 王双,陈柳钦. 内生经济增长理论的演进和最新发展[J]. 经济与管理评论,2012,(04):20—24.

为,将技术进步具体化为专业知识,专业知识与人力资本积累是现代经济增长的主要推动力,可使经济产生递增收益,好的想法和技术创意是经济发展的推动力,知识的无止境的变化与提炼,通过有效的传播从而成为影响经济增长的关键;而好的想法与知识本身,具有较低的复制成本,从而产生区别于物质要素的非排他性,打破要素收益递减的法则。

事实证明,在全球化的发展过程中,知识和想法成为了创造财富的决定性因素,文化创意产业的发展加速了知识的创造与传播过程,在本身产业壮大的同时,促进了知识经济和创意经济的形成与发展。从生产力要素构成来看,文化创意产业通过资源转化机制,将知识与技术转化为重要的生产要素,给经济增长注入新的动力,产生巨大的内生作用;同时,知识、创意、技术还对劳动力的素质、生产要素的优化配置、物质要素的开发利用起到决定性的作用,从而全方面地影响着经济增长,这是文化创意产业成为现代经济增长源泉的关键原因。

2.3.4 文化创意产业与非均衡增长理论

新古典经济增长理论认为,要素市场是均衡的,经济制度有足够的灵活性以维持均衡价格,无论从生产者还是消费者的角度,资源都可以达到长期的有效配置。理论认为,经济增长是资本积累、劳动力增长与技术变化长期作用的结果,需求变化与部门间的资源流动相对来说不重要,经济增长的因素归结于资本积累、劳动质量与数量的提高、中间投入的增加、要素生产率的提高。[①]

① 王斌武.现代西方经济增长理论——从“哈罗德—多马”到“新古典”[J].经济问题探索,1989,(02):60—63.

在经济增长的过程中发现，无论是市场机制与行政机制，都不能实现完全的均衡，结构的高速优化会加速经济增长，结构主义者针对这一现象，提出对新古典经济增长理论的补充，认为除以上几个因素外，还应该考虑结构因素。结构主义代表人物钱纳里认为，经济结构转变同经济增长之间有着密切的联系，经济结构的转变，特别是非均衡条件(要素市场侵害与调整滞后等)的结构转变，能加速经济增长。[①]

根据结构主义的非均衡经济增长理论认为，现代经济的迅速增长往往伴随着经济结构的演进，经济增长的一个重要表现是产业结构的高级化。[②] 文化创意产业在如今各国产业结构的高级化中起到至关重要的作用，得益于信息技术，创意要素，知识、技术、经营模式等先进生产技术与生产方式的快速传播，为新经济增长创造良好的条件。在工业化后期，传统产业受到市场容量和技术的制约，一方面，需要转向具有更广阔市场和高增长率的新兴产业，如文化创意产业，来促进资源配置从传统市场流向新兴行业，实现产业间结构的调整优化；另外一方面，作为生产性服务产业，文化创意产业能通过与传统产业的融合来实现产品的创新，促进产业结构中高知识含量行业的比例的增加，从而实现产业内部结构优化升级。

2.3.5 文化创意产业与经济增长质量相关研究综述

当前从国内外实践情况来看，一个国家文化创意产业的快速发

① H.钱纳里，S.鲁宾逊，M.赛尔奎因. 工业化和经济增长的比较研究[M]. 上海三联书店，1989.

② 黄立. 非均衡经济增长宏观调控的有关模型及应用研究[D].中南大学，2005.

展给所在国的经济结构、产业布局的演变带来显著变化，对当地经济发展产生明显推动作用。文化创意产业对经济增长质量的影响机制研究，主要包括对经济增长质量具有较强的代表性的三个方面，即经济增长研究、产业关联研究、就业效应研究，以下就这三个方面进行相关的文献整理。

(1)文化创意产业与经济增长的研究

20世纪90年代，随着计算机与信息时代的兴起，第三产业出现了迅猛发展并迅速得到社会的广大认同。20世纪80年代，英国失去了世界第一制造业大国的地位，在与美、德、法、日等国家的竞争中，英国制造业日显疲态，影响了国家的经济增长。面对这一困境，英国就如何调整产业结构、控制价值链高端、获取高附加值产品，以及为国内劳动力提供更多、更好的就业机会提出：发展文化创意产业，将作为知识经济时代的一项关键产业和国家战略(Jones，2004)。[①] 其意义不仅在于创意产业本身创造财富，更深远的意义还在于由国家战略的“创造性”价值导向所倡导和激发起的全社会创新体系的建立，从而在“创造性”的国家共识上提升和锻造出国家核心竞争力(吕方，2007)。[②] 目前，文化创意产业虽然仍处于发展的初期阶段，但发展迅猛，对国民经济的贡献作用日益明显，创收效应与日俱增。据联合国贸易和发展会议(UNTADC)统计，从2000年到2004年，与制造业贸易增长速度相比，创意产业的产品和服务的贸

① Jones，P.et al. Creative industries. Management Research[J] News. 2004，27：134－141

② 吕方.世界文化发展与英国创意产业[J].世界经济与政治论坛.2007，6：106－110.

易增长速度要快4倍。在英国,1997年文化创意产值仅为600亿英镑,而到2002年就创造了1125亿英镑的收入,已成为英国仅次于金融业的第二大产业。[①] 而在美国,从1996年开始,文化创意产品已成为美国最大宗的出口产品。到2002年,文化创意产值更是达到5351亿美元,占GDP的比重达5.24%。[②] 因此,这种对文化与经济关系的割裂必然为社会所淘汰,但在经济学理论研究中,经济增长一直被看作是要素投入的函数,这种要素可以简要地归结为实物资本、人力资本或者是社会资本。那么既然文化对经济增长有明显的推动作用,那显然也应有资本投入。于是,法国社会学家皮埃尔·布尔迪厄(Pierre Brourdileu)1979年首次将资本概念运用于文化分析,认为文化资本是以财富形式表现出来的文化价值积累,并引起产品或者服务的不断流动,形成了同时具有经济价值和文化价值的商品。[③] 而文化创意产业的资本属性就好比一种柔性资本,可与不同的载体结合,产生多种经济绩效。如文化创意资本与产业相结合,可以增强产业的柔性化;与企业相结合,可以提升企业核心竞争立;与产品相结合,可以提升产品的附加值,主要表现在品牌效应;与城市经济相结合,则可以让文化创意产业成为城市经济发展的新引擎(厉无畏,2006)。

国外经济学者主要是结合文化创意产业的实践情况来分析文化创意产业的经济增长效应。首先是把文化创意产业细分为各个

---

① 霍步刚. 国外文化产业发展比较研究[D].东北财经大学,2009.

② 田常清. 出版产业国际竞争力评价理论与实证研究[D].武汉大学,2014.

③ 陈华. 皮埃尔·布尔迪厄的媒介文化思想[D].兰州大学,2010.

子行业，而后结合子行业如影视产业、音乐产业、出版业等等的增长效应，来探讨文化创意产业对所在地区的创收效应。如 Ricard Gil. Wesley R. Hartmann(2007)通过详细的 Weeklymovie 剧场数据对电影展览业的影响力进行了详实地分析，进而分析了文化创意产业的增长机制。其次，从文化创意产业价值创造的内在机制出发，来探讨文化创意产业与经济增长的内在联系。如 Beyers(2008)利用时间序列数据法，对 OECD 国家 1980—1996 年产业贸易数据进行实证分析，得出创意产业的迅猛发展是 OECD 国家经济增长的一个重要因素。① ALLEN(2005)则采用面板数据法，对 2001 年美国 48 个州的截面数据进行实证研究，得出美国的版权业的发展促进了消费结构升级，改变企业的投资模式，促进经济增长。②

近年，随着我国沿海城市文化创意产业的迅猛发展，国内经济研究者也开始日益关注文化创意产业的经济增长效应，并取得一定研究成果。胡晓鹏(2006)认为创意产业的概念形态具有显著的资本属性，不仅在微观上引起企业经济决策行为的变化，而且在宏观上能通过需求功能和供给功能的调整推动经济增长。③ 厉无畏(2006)等人探讨了创意产业与经济增长方式转变及其内涵的关系，进而分析创意产业促进经济增长方式转变的内在机理、模式和路

① Beyers, W.B. Culture, Services and Regional Development[J].Service Industries Journal, 2002, (22): 4—34

② Allen J. Scott. Cultural—products Industries and Urban Economic Development [J].Urban Affairs Review, 2004, (39): 461—490

③ 胡晓鹏.基于资本属性的文化创意产业研究[J].中国工业经济，2006，12：3—7.

径，具体可分为资源转化模式、价值提升模式和结构优化模式。[①] 陆彪(2007)等人则依据美国经济学家J.M.克拉克于1917年提出的加速度原理，提出文化创意产业将成为我国新一轮投资热点。[②] 因为当代社会经济发展主要是依靠自主创新的知识产权和技术进步实现，而文化创意产业正是自主创新和技术含量很高的一个部门，而且资本盈利率比较高，因而可成为吸引国内外投资的一个重要增长点。而且根据恩格尔定律，随着生活水平和社会富裕程度的提高，恩格尔系数逐年降低，在物质需求得到较好满足的同时，文化消费在家庭和社会整个消费中所占的比例将越来越大。因此文化创意产业将作为新兴产业从多方面影响着GDP增长。郑洪涛博士则是从整体上来建构文化创意产业的基本理论，深入分析文化创意产业的作用机理，并对区域经济发展问题进行了探讨。王林(2009)等人则采用我国长三角地区14个城市1992～2006年的面板数据考察我国的文化创意产业发展是否具有显著的增长效应，以及增长效应的作用机制。[③]

(2)文化创意产业与产业关联研究

文化创意产业的核心是基于文化生产过程形成的产业链，也就是文化创意产业与各个产业部门之间基于一定的技术经济关联，并依据特定的逻辑关系和时空布局关系客观形成的链条式关联关系

---

① 厉无畏.创意产业导论[M].北京：学林出版社，2006.

② 陆彪. 挑战技术难题推动产业升级[N]. 中国石油报，2006，01－11(003).

③ 王林，顾江. 文化产业发展与区域经济增长——来自长三角地区14个城市的经验证据[J].中南财经政法大学学报，2009，(02)：84－88＋144.

形态。荣跃明(2005)认为，新技术在文化产业领域的应用，使文化产业的生产规模不断扩大，内涵日益丰富，与其他产业的联系更趋广泛复杂，在国民经济和社会生活中的重要性更趋突出，逐渐成为了整合和带动其他产业快速发展的主导产业。[①] 产业关联理论也称为投入产出理论，主要是研究社会经济活动中各产业之间的技术经济联系。其中产业关联指的就是产业间以各种投入品和产出品为纽带的技术经济联系，产业关联度则是产业间这种技术经济联系的体现(刘志迎，2006)。[②] 而按照产业间供求关系，产业关联度具体表现为前向关联与后向关联，其中前向关联指的是相关产业为主导产业生产提供原料、燃料和生产设备而形成的关联效应，后向关联指的是主导产业为相关产业提供原料、燃料等甚至直接进入消费部门而产生的后向关联效应。由于不同产业的特点不同，关联度大小及强弱会有所区别。但总的说来，产业间的产品共性特点越多或者行业技术渗透性越强，产业关联效应就越强。

文化创意产业在未成为独立的产业部门之前，仅仅被看作现代服务业的一个组成部分。但随着创新和科学技术在各个行业渗透，在产业文化不断发展的趋势下，随着社会分工不断深化和工业信息化不断加速的背景下，文化创意活动便逐渐从原先经济活动中分离出来，演化为独立的主导产业(潘燕，2006)。[③] 从文化创意产品市场

① 荣跃明.超越文化产业——创意产业的本质与特征[J].毛泽东邓小平理论研究，2004，(5)：18－24.

② 刘志迎，程瑶. X效率与高技术企业文化建设[J].科技与管理，2006，(06)：63－65.

③ 潘燕.浅析区域创新文化对集群式创新的影响[J].沿海企业与科技，2006，(10)：8－10.

化的角度来看,虽然文化创意产业是以文化创意产品为主体,比如选题策划、营销策划、晚会构思等等,但它们价值的实现必须通过高新技术手段创造出具有文化内涵的产品,并通过人们的感知和体验来实现其价值。因此,某种意义上可以说文化创意产品价值的实现是以相关行业产品为基础,形成辐射到相关行业及市场的产品,才能实现文化创意产品的市场化。从产业组织的角度来看,这也反映出文化创意产业链无论前向还是后向链条都有较长的跨度,可以把文学艺术家、中介经纪人、生产商、零售商甚至包括消费者等不同参与者联接起来(张艳辉,2008)。① 从前向关联效应来看,文化创意产业生产需求可以带动上游相关行业的发展,如文化创意产业的发展为通信设备、文化办公用品机械制造业、批发零售甚至包括建筑、金融保险等相关行业的发展提供了契机。从后向关联效应来看,文化创意产品在其他行业利用而形成的产业关联,可以有效促进下游相关行业的发展。如文化创意产业可以带动服装业、商务服务业等相关行业的发展。

作为文化创意产业的载体,文化资源本身带有很强的共享性,不同的经营单位可以依托相同的文化资源进行不同的文化创意。②依范围经济学原理,若文化资源越丰富,也就是说供各文化经营单位进行创意的资源越多,那么各企业相互间的创意激发因素也就越多,创意也就容易产生;而这辐射到其他行业就表现为,从事创意产

① 张艳辉.上海市创意产业关联效应的实证分析[A].上海社会科学界联合会.上海市社会科学界第五届学术年会文集(2007 年度)(经济·管理学科卷)[C].上海社会科学界联合会,2007:5.

② 华正伟.我国创意产业集群与区域经济发展研究[D].东北师范大学,2012.

品生产的成本越低。文化创意产业本身所具有的公共参与及大众流行的特点，就容易带动类似服装业、美容业甚至包括城市建筑等相关衍生品市场的发展。此外，随着社会经济的发展，原先泾渭分明的产业界限开始变得模糊，当前很多产业往往是置身于产业间的模糊地带。新出现的产业可能是原有产业的升级或融合，也可能是产业的跨行业发展。可以说，产业融合是当今国际产业发展趋势之一（孔令刚，蒋晓岚，2007）。[①] 因此，当前文化创意产业的关联效应还体现在其整合效应上，即文化创意产业与其他产业间包括文化创意产业自身内部的重组、融合和结盟（郑洪涛，2008）[②]，如2000～2001年美国在线和时代华纳合并高达3500亿美元的交易额成为历史上最大的企业并购案。总的说来，随着文化、创意、技术和商业日益融为一体，文化创意产业所具有的关联效应将进一步增强。

(3)文化创意产业与就业问题研究

就业问题往往伴随着失业问题，而失业往往与通货膨胀问题联系在一起。著名的菲利普斯曲线反映的就是失业与通货膨胀之间的关系，指出失业与通货膨胀之间存在一种交替关系，即通货膨胀率高时，失业率低；通货膨胀率低时，失业率高。美国经济学家萨缪尔森和索洛认为通货膨胀与失业的关系也就是经济增长与就业的关系问题。1962年美国著名经济学家阿瑟·奥肯提出著名的“奥肯定律”，指出失业率与GDP增长率之间存在反向变化关系，即两

① 孔令刚，蒋晓岚.基于产业融合视角的文化创意产业发展战略[J].华东经济管理，2007，(6)：49—52.

② 郑洪涛. 文化创意产业集群特征、聚集原理与竞争优势[J]. 中州学刊，2013，(05)：31—34.

者存在负相关关系，国家经济的高增长率往往伴随着低失业率，反之则伴随着高失业率。① 他依据美国历年数据进行实证研究经济增长与就业之间的内在联系，认为当实际 GDP 增长率相对于潜在 GDP 增长率下降 2%时，失业率大约上升 1%；当实际 GDP 增长率相对于潜在 GDP 增长率上升 2%，失业率大约下降%。当然，不同国家发展情况不尽相同，数量变动关系也是不同，但经济增长与失业之间的反向变动却为各个国家实践所证实。然而从产业就业效应的评估入手，不同的产业所产生的就业效应未必都是正的，也有可能是负的。与传统产业不同的是，文化创意产业所提供的新岗位是新增的，不是恢复性的，这对于降低社会失业率、调整劳动力结构具有明显的作用。如在英国，虽然 2004 年，时其文化创意产业只占国民经济增加值的 7.3%，但就业人数却从 1997 年的 160 万人增加到 2005 年的 180 万人，平均每年增长 2%，而整个国民经济就业率增长为 1%，就业人数超过该国第一大产业金融业，从业人员约占总就业人口的 4.3%。② 同样，美国版权产业就业人数从 2004 年的 1120.66 万人增至 2005 年的 1132.57 万人。而在亚洲新兴国家，文化创意产业所产生的就业效应则更为明显。③ 如中国香港文化创意产业的经营机构从 1996 年的 25342 间增长到 2002 年的 30838 间，就业人数从 1996 年的 153190 人增长到 2002 年的 170011 人，年均

---

① 杨富荣. 奥肯定律在中国的失效及其对策[J]. 武汉金融，2004，(07)：22－24.

② 于泽. 我国文化产业发展效益效率评价及资金配置对策研究[D].中国矿业大学，2014.

③ 霍步刚. 国外文化产业发展比较研究[D].东北财经大学，2009.

增长 1.8%，占总就业人数的 5.3%。[①]

近年来，国外学者结合各个具体行业，对于产业发展和就业关系进行了更为深入的研究。如 McCab(2007)就针对澳大利亚会展产业就业者情况进行分析。该著作通过对 126 个供职于会展业的职员进行问卷调查，结果发现会展业的职员大多受过良好教育，而且女性居多，并且往往都有一个相对成熟的职业规划；Marcelamiozzo 针对英国的建筑行业重建所引起的就业问题进行了研究。但从收集上来的文献资料来看，当前国外学者专门针对文化创意产业的就业效应问题还鲜有涉及。近几年，由于中国庞大的人口基数及不低的人口自然增长率，导致了中国就业压力与日俱增，经济增长与就业问题也日益成为国内经济研究者的关注点。姚战琪等人(2005)就指出影响就业的因素主要是工资的增加，人力资本、技术水平的提升，其他因素对就业的影响不明显。[②] 因此，应尽量发挥技术进步带动就业增加的补偿效应。张车伟(2002)等人则从经济结构变动入手，认为近 20 年来第一产业就业弹性系数总体水平较低[③]，第二产业就业弹性下降趋势明显，第三产业则比较大，但其中各行业也出现了分化。此外还有一些研究者对于中国单个产业就业效应情况进行研究，如吴玉乾(2006)等人通过数量分析的方法，证实虽然制造业直接吸纳劳动力的能力会逐步下降，但也能

---

① 郑洪涛. 基于区域视角的文化创意产业发展研究[D]. 河南大学，2008.

② 姚战琪，夏杰长. 资本深化、技术进步对中国就业效应的经验分析[J]. 世界经济，2005，(1)：58—67.

③ 张车伟. 我国就业弹性变化的趋势[J]. 中国劳动，2002，(7)：8—11.

通过带动效应增强相关产业的就业吸纳能力。[①] 潘燕(2006)认为创意产业具有良好的经济和社会发展效应,即经济增长、产业结构升级、产业关联、就业、文化传承效应,并指出创意产业的发展有助于我国实现新一轮的经济增长,有助于从根本上转变经济增长模式,有助于调整增长结构。[②] 张亚斌(2006)等人则通过面板数据模型分析法,对中国创意产业就业效应及其影响因素进行实证分析,指出投资水平、产业结构转变、城市化水平与工资水平对创意产业就业起着积极的促进作用,而现阶段的技术进步则对创意产业的就业产生着挤出效应。在以上就业影响因素中,产业结构转变是最显著的影响因素。[③]

2.4 小结

本章内容主要是对本研究所涉及的主要研究对象(包括文化创意产业、经济增长质量)进行明确的界定,以为对文化创意产业发展与经济增长质量提升的相关性进行研究。为此,本章首先回顾了国内外文化创意产业的发展历程,从各国政府以及学者对文化创意产业的内涵研究入手,明确我国文化创意产业的内涵与外延,及其明确的行业界定;其次,通过对经济增长质量的综述研究得出其较受关注的三个方面,即经济效率、产业结构以及就业增长,针对这三个

① 吴玉乾,李廉永.制造业发展带动就业效应分析[J].现代管理科学,2006,(3):5—6.

② 潘燕.略论创意产业发展的效应研究[J].淮海工学院学报(社会科学版),2006,(9):56—58.

③ 张亚斌,易先忠,刘智勇.后发国家知识产权保护与技术赶超[J].中国软科学,2006,(07):60—67.

方面，对文化创意产业与经济增长的相关理论与研究内容进行了综述，为全文的框架以及后面的详细研究的展开做了铺垫。

第3章　国内外文化创意产业的经济效应案例分析

3.1　英国文化创意产业

3.1.1　英国文化创意产业概况

英国是世界上最早提出创意理念的国家，也是第一个利用公共政策推动文化创意产业发展的国家。早在20世纪90年代初，英国就开始研究制定文化发展战略。1992年，梅杰政府上台之后，将文化相关事务及部门整合，设立国家遗产部，负责艺术、文化遗产、体育、传播与旅游观光等事务。

1997年，布莱尔政府提出了“新英国”计划，并专门组建了跨部门的创意产业特别小组，具体规划和协调文化创意产业的发展，布莱尔亲自担任主席。布莱尔提出要“通过英国引以为豪的高度革命性、创造性和创意性来证明英国的实力”，把文化创意产业作为英国振兴经济的聚焦点，把推广文化创意产业作为拯救英国经济困境的有效方法。

布莱尔政府提出了“新英国”计划，支持大力发展文化创意产业后，13个产业部门被划归为创意产业，包括广告、建筑、艺术品与古董、手工艺、设计、时装设计、电影与录像、互动休闲软件、音乐、表演艺术、出版、软件与计算机服务、电视与广播。此外，还有旅游、酒店、博物馆和艺术馆、文化遗产以及体育。

3.1.2　英国文化创意产业的就业增长效应

英国创意产业的蓬勃发展，为全国创造众多的就业机会，极大地增加了就业岗位，改善了就业结构。2002年，创意产业成为英国仅次于金融服务业的第二大产业，创意产业注册企业数约有12.2万家，雇佣总人数达190万，成为英国雇佣就业人口的第一大产业。

多年来，英国文化创意产业就业一直保持稳定增长态势。10年后，2012年，英国创意产业从业人员200多万人，占英国就业总数的8%以上，居各产业之首。英国文化、媒体与体育部发布的统计数据显示，2013年至2014年，由创意产业创造的就业岗位增加了5.5%，是英国平均水平的2倍多，而全国新增就业涨幅为2.1%。2014年，英国创意产业就业人数猛增。英国媒体、文化和体育部公布的数据显示，就业人数占劳动人口的5.6%。① 2015年，英国创意产业创造的就业岗位超过180万个，比2011年增长了24.7万个，增幅为15.8%。另据英国就业和技能委员会最近研究发现，为了跟上其发展速度，到2022年，数字与创意产业还需吸纳120万名员工上岗。

3.1.3　英国文化创意产业的经济增长效应

1980年代，英国文化创意产业政策是以创造财富为目的。自

---

① 英国创意产业创造就业岗位超180万[N]. 中国文化报.2015.7.13.

1989年英国提出创意产业构想以来，已成功为英国文化产业创造世界行销的另类通路，提升英国与他国的竞争，同时以英国就业问题提出振奋人心的新世界观，文化创意产业的系列策略得到世界各国肯定。

1998年，根据英国政府出台《英国创意产业路径文件》，创意产业包括广告、建筑设计、艺术品与文物、电子游戏、音乐、出版、广播电视等13个门类。根据英国跨部门商业注册机构统计显示，得益于文化创意产业的发展和对经济的推动，英国成为世界第二大创意产品生产国，其产品仅次于美国。英国文化大臣米勒形象地把文化创意产业比喻为“经济的发动机”。她认为，文化创意产业的表现经常超出金融等很多其他产业。多年来，文化创意产业总增加值一直快于英国国民经济总值，在英国经济低迷时期，文化创意产业从低谷强劲反弹。2001年，在英国，文化产业所创造的年产值接近900亿英镑，约占国民生产总值的11%，已超过本国任何一种传统制造业所创造的产值。10年后的2011年，英国文化创意产业出口额为155亿英镑，占全英国服务业出口总值的8%。10多年来，在政府的引导和推动下，英国创意产业增加值占GDP的比重超过7%，且每年都以高于5%的速度在增长，2012年的总收益增长9.4%，成为英国增速最快的产业。从事创意产业的企业超过10万家。

创意产业的主要行业包括游戏、电脑软件和设计等行业。电脑行业是2012年创意产业领域中的最大雇主。整个创意产业在2012年的价值增加9.4%，其中电脑占据很大的比例。另外，2009到2011年期间，出口海外的英国创意产品数量也增加了16.1%。博物馆、画廊、建筑设计以及摄影领域也为经济增长做出贡献。最近大英博物馆宣布其年度参观人数达到历史之最，包括单向乐队、阿黛尔和申兰等人在内的英国音乐人在海外的成功也帮助英国音乐界蓬勃发展。2013年，英国创意产业出口服务创造的价值达179亿英镑，比上一年增长了3.5%。2009年至2013年，创意产业出口增长了34.2%，比英国整体水平高出15个百分点。[①]

据英国文化、媒体与体育部2014年1月发布的最新数据显示，文化创意产业每年为英国经济带来714亿英镑的收益，相当于平均每小时就有800万英镑入账。可以说，文化创意产业已成为推动英国经济发展的重要动力，在增强英国文化软实力、提高其国际影响力等方面发挥着重要作用。

3.1.4 英国文化创意产业的产业结构效应

英国文化创意产业经过多年的发展，推动英国成为仅次于美国的世界第二大创意产品生产国。至2000年，英国文化创意产业已获得了一定发展，据英国跨部门商业注册机构（Inter－Departmental Business Register，IDBR）统计显示，英国创意产业企业已达12.2万家，约占企业总数的7.6%，其中四分之三集中于软件与计算机服务业、音乐、视觉和表演艺术方面（如图3-1）。2001年，英国文化、媒体与体育部发表《英国创意产业专题报告》（Creative Industry Mapping Document），该报告显示，2001年英国创意产业产值约为1125亿英镑，占英国当年GDP的5%，已超过任何制造业对GDP的贡献。

---

① 中国经济网. http://www.ce.cn/culture/gd/201507/13/t20150713_5911882.shtml.2017.5.12.

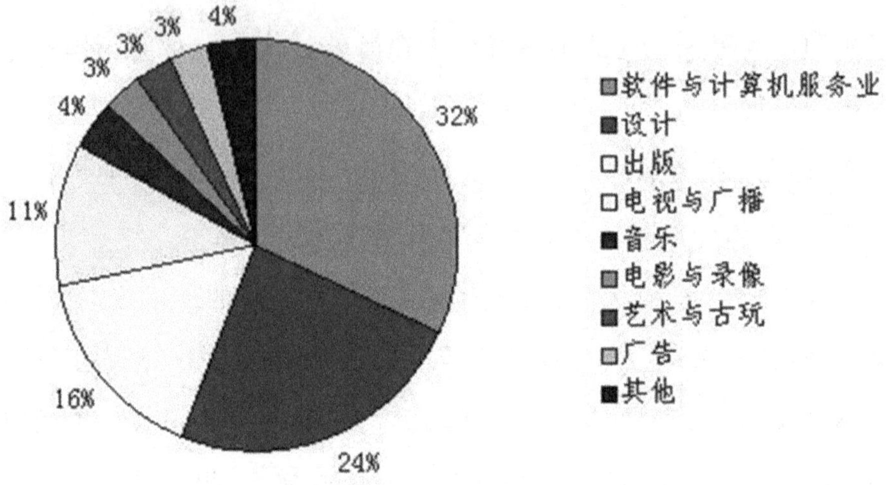

图 3-1　2000 年英国创意产业比例

2002 年，文化创意产业成为英国第二大产业，仅次于金融服务业，文化创意产业注册企业数约有 12.2 万家，雇佣总人数达 190 万，成为英国雇佣就业人口的第一大产业。此外，英国文化创意产业实现出口 115 亿英磅，约占英国外贸出口总额的4.2％。2003 年，政府对创意产业采取了税收优惠等政策性扶持，文化创意产业进一步成功推动了英国出口，极大地抵补了货物贸易逆差。

经过几年的发展，1997 年至 2005 年间，英国已培育了 12 万多家文化创意企业，与文化创意产业相关的从业人员数量占英国就业人口的一半。发展文化创意产业已成为英国推动经济增长与降低失业率的有效策略。此外，以伦敦为代表的几大城市逐渐发展成为全球“创意城市”的典型。总之，创意产业有力地推动了城市和周边地区经济的发展。

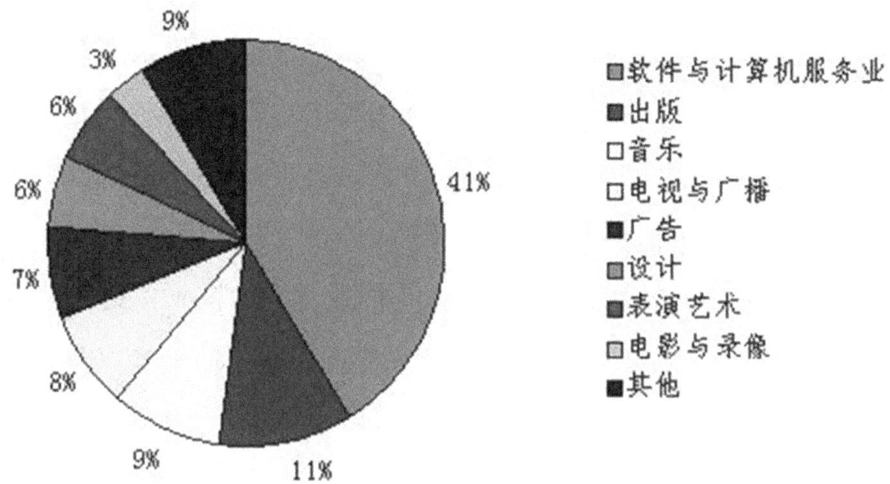

3.2　美国文化创意产业

3.2.1　美国文化创意产业概况

美国文化创意产业起步较早，在20世纪二三十年代，美国政府就认识到了发展文化创意产业的重要性，并且出台了一系列政策和措施积极推动电影、电视、软件、版权、广播、新闻等文化产业的发展。美国不仅是文化创意产业发展较早的国家，也是世界上文化产业发展最好的国家之一，其文化产业发展经验丰富，尤其是在政策扶持、市场运作、产品设计开发、科技支撑、组织管理、投资融资等方面形成了十分成熟的运作模式和实现路径，这些因素成为推动文化产业创新和提升竞争力的基本驱动因素。

实际上，美国虽然在文化资源方面不占先天优势，却一跃成为文化产业强国，其文化产业已经越来越引起世界各国的瞩目，成为当前世界文化产业的重点地区和文化产业发展研究的重点对象，对世界各国文化产业发展具有极其重要的借鉴意义。如今，学术界、实务界从事文化产业发展规划、政策制定与执行管理的人员，或是文化行业的经营管理人员，都倾向于把美国文化创意产业作为主要研究对象，从不同领域、层面、学科和视角展开深入分析和研究。

当今，“美国文化产业在全球具有明显的比较优势，特别是在图书出版以及文化与娱乐的服务出口方面表现出极强的国际竞争力，自由市场战略和知识产权保护战略相结合的文化产业发展战略，政府财政与税收政策的扶持为美国文化产业竞争力的形成奠定了基础。”①“从 1998 年起，美国文化产业产值就已超过航天航空业及农业，占本国 GDP 总量的 18%～25%，在国民经济中居第四位。”②

3.2.2 美国文化创意产业的就业增长效应

美国文化创意产业为美国提供了巨大的就业机会和岗位，极大地促进了就业增长。以美国文化创意产业的主要产业核心——版权产业来看，美国版权产业创造的就业甚至比化工、纺织、木材、造纸、家具、飞机、石油和煤炭产业的就业人数总和还要多。2010 年，核心版权产业就业近 510 万人，占美国私营企业雇佣人数总数的 4.75%，占美国总就业人数的 3.93%；整个版权产业的就业人口超过 1073 万，占私营企业雇佣人数总数的 9.91%，达到全美就业人数的 8.19%。③

① 张彬 杜晓燕.美国文化产业国际竞争力现状及影响因素分析[N].中国对外经济贸易大学学报，2012，4.

② 刘明华.世界文化强国发展文化产业的经验及借鉴[J].广东行政学院学报.2007.3.

③ 肖江文.美国文化产业的发展分析及对我国的启示[J].首都经济贸易大学，2013.

表3-1 2007～2010年美国版权产业就业人数及所占比例

年份		2007	2008	2009	2010
就业人数（万人）	核心版权产业	549.61	547.48	517.61	509.76
	全部版权产业	1155.72	1142.81	1082.52	1073.37
就业总人数		13759.8	13679.0	13080.7	12981.8
私营企业就业人数		11538.0	11428.1	10825.2	10733.7
占总就业比例	核心版权产业	3.99%	4.00%	3.96%	3.93%
	全部版权产业	8.40%	8.39%	8.27%	8.19%
占私营企业就业比例	核心版权产业	4.76%	4.79%	4.78%	4.75%
	全部版权产业	10.02%	10.04%	9.99%	9.91%

数据来源：IIPA，《2011 Copyright Industries Report》

2011年文化艺术产品生产和服务雇佣人数总数200万，以报酬、工资和补贴形式支付雇员工资和福利达2895亿美元。其中以电影和录像产业雇工数量最大，达31万人次，薪酬支付达250亿美元；博物馆和表演艺术产业雇工约10万人次，薪酬支付分别为60亿美元和80亿美元。①

① 中国文化产业信息网.美国文化艺术产业已占GDP重要比重. http://www.ci－360.com/wenchanwang/xinwenzhongxin/zuixin-dongtai/2014/0710/59034.html.2017.5.17.

3.2.3 美国文化创意产业的经济增长效应

美国作为当今世界文化产业最发达的国家，在世界文化产业的发展中占据着主导地位，有数据显示，美国的文化产业产值占 GDP 的 20%左右。

2014 年，美国商务部国家经济分析局和国家艺术基金会共同发布了《2008—2011 年度文化艺术对美国民经济影响数据报告》。该报告数据显示，包括营利和非营利机构在内的文化创意产业极大地推动了美国经济发展，并将发挥着日益重要的作用。一方面，文化创意产业为美国创新和经济发展贡献了新的理念，另一方面，美国文化创意产业为就业以及国内生产总值(GDP)做出了重要的贡献，文化创意产业已经成为 GDP 的重要组成部分。

数据显示，2011 年美国文化创意产业增加值为 5040 亿美元，占当年美国 GDP 的 3.2%，而当年美国旅游产业在 GDP 中所占 2.8%，可见，文化创意产业增加值高于旅游产业在 GDP 中的比例。数据还显示，文化创意产业中，电影、录像、广告服务、有线电视制作和播出、出版和演艺等产业贡献最为突出。其中广告服务仅包括内容创意，不包含媒体购买、播出、公关和直邮等服务。[①]

3.2.4 美国文化创意产业的产业结构效应

美国是全球经济的中心，有着世界其他国家无可比拟的经济和文化优势。美国运用外交、政策、技术、文化等各种有利因素，发挥其杠杆作用，在国内形成了十分成熟的巨大的文化产业链、文化市场和文化消费群体，创造了后工业时代一系列的经济奇迹，从而迅

① 美国文化艺术产业已占 GDP 重要比重[N]. 中国文化报.2014,7,10,8:55.

速确立了作为全球文化产业的主导地位，发挥着文化产业的龙头作用。如今，美国的文化创意产业已经跃居成为国民经济一大支柱，美国文化产业中无论是资本的投入和产出，还是技术信息抑或人力资源，都在全世界遥遥领先。美国文化产业在市场经济运作机制、政府配套政策体系和文化管理体制等方面都形成了自己特点和优势。

美国文化创意产业对产业结构优化起到了巨大的作用。根据2014年美国商务部国家经济分析局和国家艺术基金会共同发布的《2008—2011年度文化艺术对美国民经济影响数据报告》，美联邦政府第一次将文化创意产业与制造业、建筑业等放在同等位置，认为文化创意产业对国民经济发展作出了积极的贡献。

3.3　北京文化创意产业

3.3.1　北京文化创意产业概况

北京是我国首都，是我国政治和文化中心，汇聚了各类大量的优质的文化创意资源要素。多年来，北京文化创意产业得以快速发展，特别是近年来，北京市文化创意产业大力倡导特色发展，推进北京文化创意产业科技与文化、传统与现代相互融合发展，焕发出首都文化发展的独特魅力，在全国文化中心示范作用凸显。

近年来，为了进一步大力推进文化创意产业的良好发展，北京市高度重视文化创意产业发展，有关政府部门出台了系列政策和措施，政策配套日趋完备。近年来，北京文化创意产业集聚效应初步显现。2006年以来，全市分四批共认定30家文化创意产业集聚区，初步形成产业地理空间上的聚集，覆盖16个区县及文化创意产业九大领域。各集聚区产业辐射带动效应日益显现，形成了一批有影响力的文化创意产业集群，有力地推动了全市文化创意产业的发展。

3.3.2　北京文化创意产业的就业增长效应

《北京文化创意产业发展白皮书(2016)》显示，北京文化创意产业的整体实力持续增强，2015 年全市规模以上文化创意产业从业人员 122.3 万人，同比增长 6.2%。其中，以文化科技融合为特征的软件、网络及计算机服务业规模和增速不断扩大，该领域是文化创意产业就业岗位最多的领域，从业人员 66.7 万人，同比增长 13.1%，占全市规模以上产业从业人员总数的 54.5%。2015 年，北京市广告会展业规模以上企业收入总计 1581.3 亿元，同比增长 19.2%；资产总计 1308.7 亿元，同比增长 28.6%；从业人员 6.7 万人，同比下降 2.8%。高新技术的充分应用，促进了广告会展业与科技的融合发展，成为产业转型升级的重要推动力。2015 年，北京市旅游、休闲娱乐业规模以上企业从业人员 9.1 万人，同比下降 1.0%。虽从业人员略有下降，但收入和资产增长均保持较快速度。北京市广播电视电影业规模以上企业从业人员 5.2 万人，同比增长 1.1%。新闻出版、艺术品交易、设计服务以及文化艺术四类行业增长压力较大，进入市场调整期，从业人员 10.3 万人，同比下降 2.3%。2015 年，北京市艺术品交易业规模以上企业从业人员 1.3 万人，同比下降 9.6%。2015 年，北京市设计服务业规模以上企业从业人员 9.8 万人，同比下降 1.2%。受房地产投资、商品房销售下滑等因素影响，该行业市场也相应收窄，大中型设计企业出现裁员节支现象，小型企业生存压力加大，行业收入下降，从业人员减少。此外，2015 年北京市文化艺术业规模以上企业从业人员4.1万人，同比下降1.4%。

从以上数据可以看出，虽然近年来国内经济下行压力较大，北京文化创意产业发展受到一定影响，文化创意产业某些行业就业人数有所下降，但北京市文化创意产业2015年总体上就业岗位增多，就业人数增加，增长比例较高。就业增长主要是靠软件、网络及计算机服务业规模扩大带动。文化创意产业其他产业出现不同程度的小幅下降，但并没有影响北京市文化创意产业就业整体的增长。

3.3.3 北京文化创意产业的经济增长效应

北京文化创意产业良好的发展基础，当前已成为首都经济新的增长点，展现了巨大的发展潜力，已经成为首都经济增长的支柱产业。近年来，北京文化创意产业呈现持续稳定增长态势。2013年全市文化创意产业增加值达到2406.7亿元，同比增长9.1%。2004年以来年均增速达到17.3%，占全市GDP比重达到12.3%，比2004年提高2.8个百分点。

北京市文化产品出口规模日益扩大，文化服务贸易发展迅速。2013年，全市文化贸易进出口总额达到35.3亿美元，同比增长15.7%。在扩大服务贸易规模的同时，本市加快实施文化企业走出去战略，通过出口自主知识产权产品、成立海外分支机构、合资合作等方式积极拓展国际业务，形成了一批具有国际影响力的大型文化企业集团。文化创意产业已成为本市吸引利用外商投资的重要领域。

《北京文化创意产业发展白皮书(2016)》显示，北京文化创意产业的整体实力持续增强，2015年全市规模以上文化创意产业收入合计13451.3亿元，同比增长14.0%；资产总计20140.2亿元，同比增长20.6%；2015年全市文化创意产业实现增加值3179.3亿元，占地区生产总值的比重达到13.8%，比上年提高0.6个百分点，在全国占比最高。此外，在文化消费、对外文化贸易、文化企业竞争力等多项指标方面，北京在全国均处于领先地位。

3.3.4 北京文化创意产业的产业结构效应

2005年北京市政府工作报告中明确提出，要按照支柱产业的目标发展北京文化产业，着眼于这一目标，《2004—2008年北京市文化产业发展规划》和北京《人文奥运行动计划》都提出了把北京建成全国的六大中心：文艺演出中心、出版发行和版权贸易中心、影视节目制作和交易中心、动漫和互联网游戏研发制作中心、文化会展中心和古玩艺术品交易中心。规划期内文化产业创造增加值年均增长15%，在北京市地区生产总值中所占比重达到9%，成为首都经济的支柱产业。

北京文化创意产业结构不断优化，产业链初步形成。以文化科技融合为特征的软件、网络及计算机服务业是文化创意产业的主要产业，其产业增加值和就业人数均是最多的。其他行业如广告会展业、旅游、休闲娱乐业、广播电视电影业、新闻出版、艺术品交易、设计服务以及文化艺术行业、艺术品交易业、设计服务业、文化艺术业等行业也得以快速发展。

3.4 上海文化创意产业

3.3.1 上海文化创意产业概况

我国文化创意产业发展较迟，上海文化创意产业也不例外。1998年，上海市政府对上海的产业结构进行了重大调整，把建设都市型工业确立为未来上海产业发展的方向。2000 年，一系列都市型工业规划制定并实施，上海市相关部门将市区中大量老旧工业闲置厂房用作文化创意产业发展基地，低廉的租金吸引了大量的文化创意从业者前来，逐渐形成小范围的自发性文化创意集群。从此，上海的文化创意市场开始进入萌芽阶段。

21 世纪初，虽然这种自发的文化创意新兴产业规模很小，但上海市政府对其发展给予了相当的重视和很大的支持。2004 年，上海创意产业中心挂牌成立，上海市政府随后陆续出台了一系列关于文化创意产业的条例和管理办法，同时提出了有关文化创意产业的规划，并制定了相关税收优惠政策。上海市政府的系列举措有效地推动着文化创意产业的发展。

2005 年，国家“十一五”文化发展规划出台，该规划的出台标志着我国文化创意产业进入了高速发展时期。随之，上海也出台了相关政策文件，主要有《上海文化创意“十一五”规划》，确立了文化创意产业发展的目标和实施细则等，为上海文化创意产业的发展提供了发展方向、目标，并提供了保障条件。

2005 年，上海政府批准成立第一批文化创意园区。此后的两年内，文化创意产业得以蓬勃发展，先后成立了 75 个文化创意产业聚集园区，3000 家文化创意创业公司相继在产业园区落地。针对欣欣向荣的文化创意新兴产业，上海市源源不断地出台了相关配套优惠政策。在政府大力扶持下，文化创意产业在上海得到了空前高涨的发展势头。上海成为当时国内文化创意产业发展最快的城市之一。2006 年的文化创意产业增加值大幅提高，占全市 GDP 的 6.5%，同比增长约 23%。

2007年，上海文化创意产业进入有序规范的良性有效发展时期。上海政府进一步细化了相关文化创意产业的管理办法，并加强了对其监督力度，促进文化创意产业规范有序发展。与此同时，上海文化创意产业进一步促进"两化"融合发展，将传统文化创意与高新科技结合起来。2009年，中国第一个"国家数字出版基地"在上海成立，文化产业与信息化融合发展如虎添翼，得以飞速发展。

上海文化创意产业发展至今，其载体集聚区的发展走过1.0的产业型、2.0的经济型和3.0的社会型的演进路径。目前，上海文化创意产业的发展处于社会型发展的高级阶段，对空间维度上的要求是向城区发展，在产业维度上的要求是打造品牌，在政策维度上，开放性、长远性、战略性、系统性的社会环境政策是一定时期内产业发展的制度环境要求。上海作为中国文化创意产业领先发展的城市，对产业发展的总体趋势、产业发展的层面、产业的聚焦发展等应具有前瞻性的战略。

3.3.2　上海文化创意产业的就业增长效应

近10年来，上海文化创意产业得以快速发展，产业增加值逐年攀升，对经济增长贡献率很大，文化创意产业已成为上海市的支柱产业。上海市统计局公布的2010年上海文化创意产业统计数据显示，2010年上海文化创意产业实现总产出5499.03亿元，比上年增长14.2%；对上海经济增长的贡献率达到14%，已成为上海市的支柱产业。根据上海市文化创意产业推进领导小组办公室公布的数据，2013年本市文化创意产业实现总产出8386.21亿元，比上年增长8.7%；实现增加值2555.39亿元，增长8.3%，增速比全市生产总值快0.6个百分点；占全市生产总值的比重为11.83%，比上年提高

0.18 个百分点;对本市经济增长的贡献率为 14.4%。

上海市文化创意总体规模持续扩大。2013 年上海文化产业实现增加值 1387.99 亿元,同比增长 8.1%,增幅高出同期地区生产总值 0.4 个百分点;占地区生产总值的比重达 6.43%。文化产业已经成为上海的支柱性产业之一,成为“创新驱动发展、经济转型升级”的重要力量。

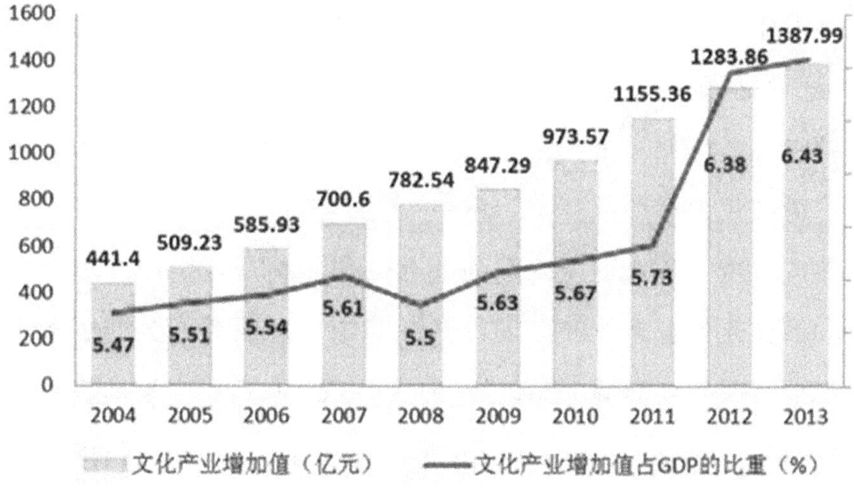

图 3-2　上海文化产业增加值的增长情况

数据来源:2014 上海统计年鉴

需要特别提出的是,2013 年上海市文化创意十大产业中有六大产业保持两位数增长。网络信息业、软件和计算机服务业蓬勃发展,由于网络视听、网络游戏市场发展迅速,网络信息业和软件及计算机辅助设计业保持较快增长,增速分别为 15.5%和 11.2%。艺术业保持良好发展,2013 年本市文艺市场活跃,供需良性互动,艺术业实现增加值 71.16 亿元,比上年增长 12.1%。其中文化艺术策划及代理服务增长 17.6%。建筑设计业、工业设计业持续增长,建筑设计业比上年增长 10.8%;工业设计业比上年增长 10.3%。

2014年，上海市文化创意产业增加值占全市GDP比重的12%，文化贸易规模今年超过百亿。提前一年完成"十二五"规划目标。文化创意产业正在成为引领和支撑上海新一轮发展的支柱产业。当前，上海文化产业发展正处于最佳时期，与科技、金融等融合发展的态势愈加明显，发展步伐日趋稳健。

"十三五"时期，上海市文化创意产业将聚焦五类重点领域。产业增加值年均增速高于全市国内生产总值平均增速2～3个百分点，2016年末占全市国内生产总值比重超过12.6%，为"十三五"末占比超过13.0%奠定坚实基础，支柱产业地位更加稳固。建成十余个国家级文化创意产业基地、百余个市级文化创意产业园区、千余个文化创意楼宇和众创空间互为补充的载体格局，培育50家国内外知名的文化创意企业和集团，构建30个专业实效的公共服务平台。形成具有重要影响力的创新、创意、创业中心，有力推动设计之都、时尚之都、品牌之都建设，有力推动联合国创意城市网络的重要节点城市建设，为上海基本建成社会主义现代化国际文化大都市提供强力支撑。

3.3.3　上海文化创意产业的经济增长效应

上海文化创意产业通过生产、交换、消费活动，促进生产和消费环节的价值增值，是为社会创造财富和提供广泛就业机会的产业。上海创意产业作为现代服务业的重要组成部分，成为推动经济发展和增加就业的新动力。

近年来，上海创意产业园成为创意企业集聚发展的主体空间。据统计，截至2005年10月，全市已建成18家创意产业园区，占地面积487亩，建筑面积41万平方米，园区中入驻了来自30多个国家和地区的创意设计企业800多家，产业门类涉及工业设计、室内设计、建筑设计、广告设计、服装设计、游戏软件、动漫艺术、网络媒体、时尚艺术、影视制作、品牌发布、工艺品制作等，从业人员达到10000人。上海市统计局公布的2010年上海文化创意产业统计数据显示，上海文化创意产业从业人员为108.94万人。

上海文化创意产业集聚区的形成为不同领域的从业人员提供了就业机会。如上海莫干山路上一家建于1932年的老纺织厂，如今入驻了60多家画廊和艺术工作室，形成了别具一格的春明文化都市园区；昌平路990号和1000号，原是上海窗钩厂和上海航空设备厂，现在是上海新型广告动漫影视图片产业基地；黄浦区河南南路上的上海城市广场，借助所处的豫园商圈，成为了上海市旅游纪念品产业发展中心；长宁区天山路时尚产业园依托东华大学、上海市服装研究所等，以时尚艺术、服装设计、品牌发布等为主要特色，同时也使得当地的服装市场等更为繁荣；分别位于天山路和乐山路的天山软件园和乐山软件园，借助上海交通大学的技术和人才优势，极大地带动了这一地区相关产业的发展。

3.3.4 上海文化创意产业的产业结构效应

上海文化创意产业的快速发展优化了产业结构。首先，文化创意产业的快速发展提高了新兴文化产业占比状况。以文化软件服务、广告服务、设计服务为主的文化创意和设计服务实现增加值521.48亿元，占文化产业增加值的37.6%，同比增长11.6%。文化信息传输服务实现增加值120.63亿元，占文化产业增加值的8.7%，同比增长15.9%。其次，传统文化产业占比相对较小，正处于转型调整期。新闻出版服务实现增加值36.41亿元，占文化产业增加值的2.6%；广播电视电影服务实现增加值44.81亿元，占文化产业增加值的3.2%；文化艺术服务实现增加值36.92亿元，占文化产业增加值的2.7%；文化休闲娱乐服务实现增加值28.2亿元，占文化产业增加值的2.0%；工艺美术品生产实现增加值211.48亿元，占文化产业增加值的15.2%。随着互联网等新技术的发展，传统文化产业面临巨大挑战。

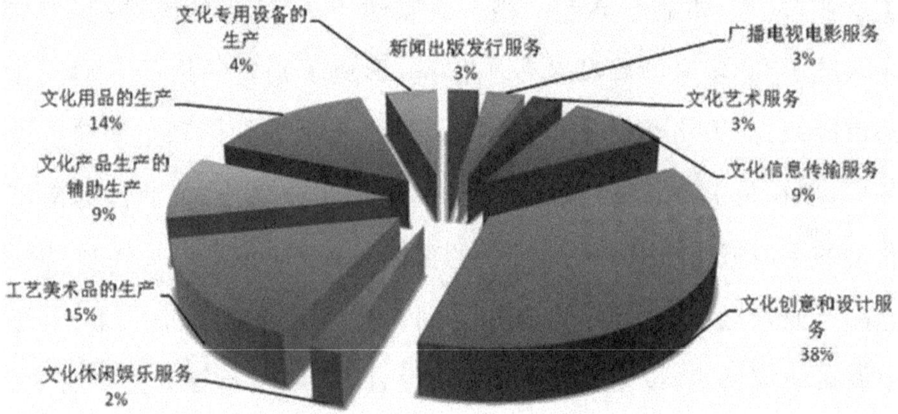

图3-3　上海文化产业主要行业增加值(2013年)

数据来源：2014 **上海统计年鉴**

文化相关产品生产继续保持增长。文化相关产品生产实现增加值388.06亿元，占文化产业增加值的27.7%，同比增长6.9%。其中，文化产品生产的辅助生产增加值为130.25亿元，同比增长6.8%；文化产品的生产增加值为195.87亿元，同比增长6.7%；文化专用设备的生产增加值为61.94亿元，同比增长7.5%。

根据《"十三五"上海文化创意产业发展：思路与重点》，上海文化创意产业形成结构更优化、特色更鲜明、布局更合理、优势更突出的文化创意产业集群，产业辐射带动效应更加强劲。上海文化创意产业涉及的领域较多，涵盖的面较广。"十三五"期间，上海文化创意产业立足突出重点和比较优势，依托现有产业基础，重点规划发展五大类产业。即围绕上海国际文化大都市目标建设的中心任务，重点发展文化内容产业，主要是文化艺术传媒；围绕全球“设计之都”目标建设的中心任务，重点发展大设计产业，主要是视觉设计、工业设计、建筑设计、软件设计、广告设计等；围绕上海“科技创新中心”建设的中心任务，重点发展以技术为支撑的网络信息业，主要是网络服务行业；围绕上海“四个中心”目标建设的中心任务，重点发展咨询会展策划业；围绕促进消费拉动经济转型发展的中心任务，重点发展创意生活体验产业，主要是时尚消费、旅游休闲业。

上海文化创意产业发展将坚持与制造业和服务业紧密融合，与高科技产业、文化产业紧密融合，与商业旅游休闲市场融合，形成新业态产业，实现上海文化创意产业的创新发展。一是融合型的产业业态。以提升产业附加值为导向，坚持传统产业的创意化、文艺化，促进科技、文化、艺术与产业的融合发展，形成融合型的新产业。二是融合型的产业链。以促进一、二、三产业联动为导向，坚持文化创意产业跨行业、跨部门渗透融合，形成融合型的产业链。三是融合型的产业政策。以优化文化创意产业的政策环境为导向，坚持合力推进，形成涉及文化、法律、知识产权、教育、产业等不同领域的融合型文化创意产业政策。四是融合型的空间布局。以空间高效利用为导向，坚持整合城市基础设施、商务中心区、文化旅游休闲区等各类空间资源，叠加文化创意体验和文化创意消费功能等，实现空间功能的多元化，形成融合型的空间布局。

3.5　深圳文化创意产业

3.5.1　深圳文化创意产业概况

深圳是中国当代文化创意产业的重要发源地之一。多年来，深圳文化产业从无到有，从弱到强，文化产业的核心竞争力和整体实力不断增强，文化产业对城市经济的贡献不断提高，文化产业在发展中逐渐形成一定的自身特色，文化创意产业发展在全国处于相对领先的位置。2003 年，深圳率先在全国确立“文化立市”战略。

深圳自确立文化立市以来，大力培育和发展创意文化产业，把文化创意产业作为事关城市长远发展的战略性新兴产业发展和培育，力争使文化创意产业成为深圳城市发展的主导产业之一，进一步增强深圳“设计之都”的实力和影响力。如今，这个目标已经基本实现，深圳文化创意产业集群化发展已成为全国文化创意产业效仿的优秀案例。

3.5.2　深圳文化创意产业的就业增长效应

深圳文化创意产业的快速发展为深圳市提供了巨大的就业机会，多年来，深圳市文化创意产业就业人数迅速增长。截至 2013 年，深圳市文化创意产业规模以上工业企业、资质等级企业、限额以上批零住餐企业、规模以上服务业企业这四类规模以上企业法人单位数为 1 539 个，法人单位资产总计 3 891.76 亿元，法人单位营业收入 4 556.63 亿元，法人单位从业人员人数为 501 572 人。文化创意产业各行业中，文化用品的生产行业法人单位数最多，达 480 个之多；文化用品的生产行业法人单位从业人数最多，达 225 052 人，占全市法人单位从业人数的比例为 44.87%。

3.5.3　深圳文化创意产业的经济增长效应

2003年，深圳率先在全国确立“文化立市”战略后，深圳文化创意产业得以发展迅猛，以年均接近25%的速度快速发展。2010年文化创意产业增加值达726亿元，位居全国大中城市前列。2004～2015年，文化创意产业增加值占全市GDP的比重由4.6%提高到10%，文化创意产业成为带动经济快速健康发展的重要引擎。

深圳已成为我国文化输出的重要基地和主要口岸。2015年深圳的文化创意产业继续以良性态势增长：文博会成交额再创新高，“文化深军”走出去，文化精品频出，华强科技和华侨城再获“中国文化产业30强”。

3.5.4　深圳文化创意产业的产业结构效应

深圳作为全国高科技城市、金融中心城市和滨海旅游城市，深度挖掘、整合、联动相关产业资源，形成了“文化＋科技”、“文化＋金融”、“文化＋旅游”等产业发展新模式，文化创意产业的发展带动了科技、金融、旅游等相关产业的飞速发展。“文化＋科技”是高新技术创新文化的生产方式，文化创意产业高端起步、跨越发展极大地促进了科技的发展。“文化＋金融”模式是以文化产权交易所、文化产业投资基金为主导，该模式不断创新对文化企业的金融支持方式，构建了文化产权交易、文化产业投融资、文化企业孵化的重要平台，使得金融模式不断完善。“文化＋旅游”模式是以主题公园、文化创意产业园区和基地为依托的产业发展模式，该模式有效延伸了文化创意产业链，同时促进了旅游业的发展。文化旅游引领国内潮流，华侨城集团、华强文化科技集团是中国最具创意和创新能力的知名文化旅游企业。

深圳是中国现代平面设计的发源地，创意设计业优势地位尤为明显，工业设计、室内设计占全国较大市场份额，成为国内第一个被联合国教科文组织认定的“设计之都”。深圳还是中国最大的高端印刷及黄金珠宝生产基地，占据了国内60%以上的市场份额。新闻出版、广播影视、文化会展等行业也都在全国具有重要的影响力。

在政府的有力引导和推动下，深圳文化创意产业采用行业集聚、空间集中的发展策略，培育建设了一批文化创意产业重点项目，建立了“设计之都”创意产业园、华侨城LOFT创意产业园、怡景国家动漫画产业基地、大芬油画村、观澜版画原创产业基地等40多个具有一定规模和影响力的文化产业园区和基地，形成了区域发展特色，构建了较为合理的产业结构和布局。

第 4 章　文化创意产业对经济增长效率的影响

4.1　经济增长及其影响因素

在激烈的国际竞争中，经济的持续增长变得越来越困难，保持长期稳定的经济增长是各个国家和地区共同追求的目标。最近 200 多年的历史中，经济学家在解释经济增长原因方面做出了卓有成效的工作，但是在面对经济增长的一系列问题时仍然存在着盲点，未能有效地解释一些经济现象。早期观点认为一国财富的增长主要依靠增加自然资源（土地、矿产等）、劳力和物质资本的投入，并认为物质资本是经济增长的决定性要素（亚当·斯密，1776；李嘉图，1817；哈罗德 & 多马，1947；等）。[①] 但是，许多国家的经济发展情况却没有像这些理论描述的那样，比如许多自然资源、劳力和物质资本较为充裕的地区，由于生产力的低下、社会制度等原因，经济增长的状况经常不尽如人意。而另外一些自然资源较为贫乏的国家和

① 邵琳. 人力资本对中国经济增长的影响研究[D]. 吉林大学，2014.

地区，却在经济增长上取得了令人难以置信的成就。对于物质资本以外的要素是否影响以及如何影响经济的增长质量，古典经济理论均很少涉及。

新古典经济增长理论（索洛，1956 等）认为现代经济增长取决于资本积累的效果，强调只要保证资本积累，无论其初始的人均收入存在多大差异，最终都趋于收敛。[①] 但拉美地区在经历了一段时期的增长后无法突破经济增长的瓶颈反而陷入了贫困化境地，“拉美困境”使该理论一筹莫展。对于这样的经济现象，索洛提出外生技术进步的概念，将经济增长的源泉归结为外生的技术进步。然而外生技术进步是非自生的，是不可控的，由外生技术决定下的经济增长依然不具备确定性。虽然新古典经济增长模型在揭示经济增长的源泉方面比古典经济增长模型大大地前进了一步，但是它仍然有一些重要的问题没有回答。

最终，经济学家的关注点落到了人类自身及人类的创造上来，作为经济活动主体的人终究是经济增长的最终推动者，人类知识的积累、技术的创新决定了经济发展的趋势及经济增长的潜力。人们通过学习已有的科学知识，不断从外界吸收和获取精神能量，转化为个人从事经济生产的能力，使生产效率的稳步提高成为可能。20 世纪 80 年代兴起的以罗默、卢卡斯等人为代表的内生增长理论则将知识和人力资本引入经济增长模型，提出了要素收益递增假定，对新古典增长理论进行了全面的修正和发展。新经济增长理论表明，资本（包括人力资本）的作用大于索洛增长框架的测度，这一观

① 陆静超. 经济增长理论的沿革与创新——评新古典增长理论与新增长理论[J]. 哈尔滨工业大学学报(社会科学版)，2004，(05)：94—98.

点认为，资本投资无论是对机器还是对人，都会形成正外部性，这些正外部性对经济增长的影响非常重要，甚至能解释超过一半的经济增长。以罗默与卢卡期为代表着经济学家把技术进步作为代表的经济增长的一个内生变量来进行研究，强调人力资本对经济增长的贡献。

随后，20 世纪 90 年代文化资本理论的兴起及其与经济增长试工转变的关系成为西方经济学界热烈讨论的一个主题。1989 年法国的布迪厄在著名的论文《资本的形式》中第一次完整地提出了文化资本理论，从积累性角度引入资本的概念，认为三种形式的资本（即经济资本、社会资本、文化资本）存在着相互转化的关系，在某种条件下，文化资本和社会资本可以转化成经济资本，成为推动经济增长的力量。① 随后，澳大利亚学者 David Throsby 的文化资本模型以及约翰·霍金斯的创意经济理论均支持了这一观点，认为在新的一轮全球拓展中，文化资本起到必不可少的作用，文化资本的开发与利用正逐渐开始。②

可以看出，理论模型的演变是在对影响经济增长要素的不断调整中进行的，将生产函数的要素从劳动、土地、资本逐渐扩展到技术进步、人力资本和知识积累等无形精神要素上来，具体分析如表 4-1 所示。

---

① 陈治国. 布尔迪厄文化资本理论研究[D]. 首都师范大学，2011.

② 王蔚，金旼旼. 创意之父约翰·霍金斯诠释创意经济[J]. 瞭望新闻周刊，2006，(09)：85.

表 4-1　经济增长模型的演变

增长理论	代表人物	驱动要素	主要观点
古典经济增长	哈罗德、多马	投资驱动	经济增长率等于储蓄率除以资本一产出比，储蓄率、资本一产出比、人口增长率和技术进步的速度四个外生变量决定经济增长
新古典经济增长	索罗、斯旺、库兹涅茨	技术驱动	经济增长由全要素生产率决定，认为技术是比物质资本和劳动投入更重要的经济增长决定因素
新经济增长	卢卡斯	人力资本驱动	技术进步是内生变量，经济增长决定于人力资本、知识积累与技术进步
	保罗	制度政策驱动	
创意经济增长	布迪厄 约翰·霍金斯 大卫·思罗斯比	文化资本驱动	强调文化与创意的重要性，在人的创造力下，文化资本和社会资本可以转化成经济资本

在一般的经济贡献率的模型当中，普遍认为增长的主要源泉来自于要素投入以及要素生产率的提高，全要素生产率是技术进步的综合反映。其中，如果经济增长主要是要素投入数量的提高推动的，则为粗放型增长；如果经济增长主要是由要素生产率的提高推动的，则为集约型增长。一般来说，全要素生产率的增长又反映在两个方面，一是要素质量的提高，二是要素使用效率的提高。爱德华·丹尼森将经济增长中无法归因于资本和劳动要素投入增加的

部分，即“索洛剩余”，用外生的技术进步来解释，“索洛剩余”包括不同因素的组合，如知识积累、科技进步、教育水平的提高、资本质量的改进、产业内资源转移、规模经济等等。① 研究表明，全要素生产率提高对经济增长的贡献度要高于全要素投入的增加对经济增长的贡献率，前者对经济增长的作用具有决定性意义。

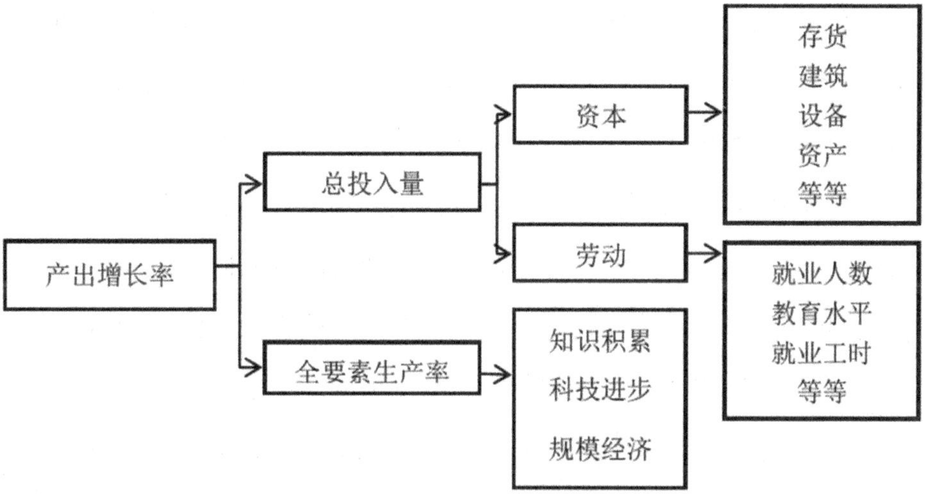

图 4-1　经济增长因素分类

4.2　文化创意产业的资本属性与绩效分析

文化创意产业具有特殊的经济学内涵，而文化创意作为一种新的资本，具有与物质资本、人力资本相似的特征的同时，也有其特殊性。文化创意资本是一种能被广泛利用的柔性资本，主要表现在以下几个方面：①与生产过程结合，可以提高生产效率；②与产品结合，可以提高产品的附加价值与延长产品的生命周期；③与企业结

---

① 胡立法. “索洛剩余”与外资对中国经济增长的技术贡献率实证分析[J]. 世界经济研究，2003，(10)：54－56＋62.

合,可以提高企业的核心竞争力;④与区域相结合,能推动地区形象与软实力,从而提高地区的综合竞争力。本部分探讨文化创意产业的资本属性,并从微观与宏观两个维度进行阐述。

4.2.1　文化创意产业的资本属性

(1)文化资本的提出

传统经济学里面对资本的理解是"资本是推动经济发展的重要资源,离开了资本就不能实现经济的发展"[①]。经济学家们通常把资本划分为三种类型:物质资本(有形)、人力资本、自然资本。物质资本主要是指工厂、机器、建筑等能够生产产品的具体物品的集合(Hicks,1974);人力资本主要是指人所具有的技术与经验的具体化,在生产过程当中转化成为与物质资本一样的对经济产出起到重要作用的资本;自然资本是最近几年提出来的,主要是随着近年来人们对环境问题对经济活动的影响的认识,它指的是自然界所拥有的可生与不可再生的资源以及环境承载能力等非因素,还包括对这些资源环境的保护和开发进行生态化的管理过程(Jansoonetal,1994)。

随着各个国家对文化创意产业研究的兴起,人们开始关注生活中的一些新现象,并逐渐认识到文化的创造与传承实际上同样具有资本的特征。然而在很长的一段时间,对文化创意资本的讨论中(Bourdieu,1986 等),主要是研究文化资本对经济增长的间接作用,更常见的理解为"文化创意—人力资本—经济发展"这样一个逻辑。在一项研究中,戴维·思罗斯比(2004)认为,必须明确文化和经济活动中这类现象的作用,确定一个独立的文化资本的概念,将是非

① 韩金起.资本与现代社会[D].复旦大学,2012.

常重要的。[①] 其主要观点如下。

第一，文化资本可以分为有形的文化资本和无形的文化资本：①有形的文化资本存在着物质基础，相应的实物被赋予了特定的文化内容，因而有了财富意义上的经济价值，这种财富价值推动着经济价值的提升；②无形的文化资本如音乐、文学、风俗与信念等的积累，尽管它们并不具备实物形式的经济价值，不能进行直接交换，但是当这些无形的文化资本被逐渐认识、认可并且与之相关的服务流通起来，将会产生巨大的文化价值与经济价值。

第二，关于文化资本在经济学意义上对经济增长作用的问题，他认为文化资本与生产过程中的其他形式的资本（物质资本、人力资本、自然 资本等）一起发挥作用，文化资本内存的生产功能能够增加不同资本之间的相互替代性；同时，文化资本与可持续发展之间的关系与自然资本的功能类似，文化生态系统的健康发展支撑着经济的运转，文化资本的积累能够提供良好的环境，影响着人们的行为方式；如果不能有效地维持人们所认可的文化价值，将有可能导致文化体系的崩溃，导致福利与经济产出的损失。

综合上述观点，文化资本是一种重要的资本形式，它能直接或间接地影响着其他资本的生产效率，对于维持经济增长、保持经济可持续发展具有重要的意义。文化创意产业有助于增加文化资本存量和开拓新的文化创意要素，达到提升国家或地区文化以及综合竞争力的目标。

---

① 李义杰. 媒介与文化资本[D].浙江大学，2012.

(2)文化创意的资本属性

文化创意应该包含两层基本含义:一是从消费型文化角度的理解,特指赋予历史文化某种新的内涵或给予某种产品的艺术想象力,如艺术品、收藏品、电影、出版物等。这一层次基本相当于高端的文化产品。二是从生产型文化角度的诠释,主要指反映并适合本土文化诉求的企业经济体制、管理模式,以及保证生产效率和创新能力的组织设计规则,甚至也包括达成生产效率提升的一切规则等。其实,地域化了的,并被人们普遍接受的事物或规则就具有了特定产业的区域文化内涵、企业组织生产和经营的理念。

文化创意与传统的文化自身价值的实现不同,它更强调把文化转化为经济价值的过程,是对传统经济价值增值的问题。具体来说,可将文化创意资本分为消费型文化创意资本与生产型文化创意资本来讨论。

第一,消费型文化创意资本与文化资本一样,表现为有形与无形两个基本内容:①有形的文化创意资本存在着物质基础,相应的实物被赋予了特定的文化创意内容,因而有了财富意义上的经济价值,这种财富价值推动着经济价值的提升;②无形的文化资本如音乐、文学、风俗与信念等的积累,尽管它们并不具备实物形式的经济价值,不能进行直接交换,但是当这些无形的文化资本被逐渐认识、认可并且与之相关的服务流通起来,将会产生巨大的文化价值与经济价值。

第二,生产型文化创意资本在经济学意义上是针对产出的生产效率,生产型文化创意资本可以和生产过程中其他形式的资本一起发挥作用,而那种包括这种文化创意资本在内的生产功能能够增强不同形式资本之间的相互替代性。从本质上来说，生产型文化创意资本是将既有的文化内容结合到实际生产过程中，提高生产的实际效率的服务；而消费型文化创意资本是将既有文化内容物化、改造以达到文化内容的价值实现或相关的价值增值服务等。

（3）文化创意资本与技术资本的联系

文化创意资本与技术资本之间有许多相似点，但同时他们又具有各自的特点，以下主要侧重说明文化创意资本在经济系统的运行当中相比于技术资本的优势所在。

第一，文化创意资本强调的是差异化竞争。

技术资本对经济发展的作用是通过提升劳动力生产率，达到降低企业成本、增加利润的目标，然而由于技术资本相对单纯的生产率导向的性质，容易出现同质化的经济现象；与之相比，文化创意产业资本对经济发展的作用在于，将文化创意资本融入到企业的产品或生产流程之中，其直接结果就是使经济主体的个性化和差异化增强，成本竞争转换为难以模仿的差别化竞争，同质位的竞争优势转化为非同质位的核心能力。

第二，文化创意资本更有利于价值总量的提升。

从实践层面上来看，技术资本强调的是实用性，技术资本虽然在一定程度上实现功能价值的提升，但更重要的是以最大程度降低生产的成本，调整增加值的比率，这一过程中产品的价值总量变化不大。与之不同的是，文化创意资本更加突显出渗透性的特征，通过文化创意对产业、企业以及产品的全面渗透，提高产品与服务的差异化程度，提高产品的观念价值，以满足人们日益提高的文化精神消费需求为出发点，增加产品价值的总量。

第二，文化创意资本具有较强的黏性。

技术资本的一个明显的特点就是标准化与可复制性，其决定了技术可以在地区之间、企业之间自由学习与流动，特别是在信息时代，其溢出速度大大增加，技术领先的垄断性利润逐渐缩小。而与技术资本不同，文化创意资本往往是与特定的地理位置、人文环境密切相关的，其复制性将在很长的一段时期为研发企业所单独服务，从而产生垄断利润。总的来说，文化创意资本可以使各个地区或企业的产品与服务具有不可替代的优势，而技术资本的流动性较大，容易被复制模仿而丧失优势。

当今全球化的竞争格局中，文化创意资本确实比技术资本存在着一些优势，但是，两者缺一不可，需要相互联系才能发挥更大的经济价值。具体表现为：①技术资本的积累为文化创意资本的扩张提供了重要的传播途径，信息时代各种先进的传播技术（如互联网）正是文化创意产业兴起的重要基础；②文化创意资本为技术资本的积累提供良好的制度环境，文化创意资本能通过对社会资本、人力资本的改造，从而影响人的创造力与行为方式等，其是技术资本积累的速度的关键。

4.2.2　文化创意产业的微观绩效

传统经济理论是建立在边际递减的假说上的，根据萨缪尔森的定义，当我们连续同单位的可变投入量（如劳动）增加到一定数量的某种其他投入量（如土地）上时，我们所得到的增加的产出量是递减的，这种负反馈在很大程度上削弱了产出资本比。但是在目前的经济现象中，我们却可以看到许多非边际递减的现象。非边际递减，是指对于某种资源来说，随着投入的持续增加，增加的收益不会减少，而且还有可能逐渐增加，在市场经济中表现为领先者的进一步领先，失势者进一步失势的现象。一般地，物质资源依赖性经济主要服从于边际收益递减机制，而知识依赖性经济如文化创意产业，则存在非边际收益递减的特定，文化创意产业的微观绩效的主要体现，从两方面入手。

（1）从生产的角度

文化创意产业的第一个明显特征是：研制开发阶段的固定投资很高，而生产制造阶段的投资则较低。该项特征在文化创意产业各行业中表现得都较为明显，如文化创意产业中的计算机软件服务业，研发一个新的软件需要在研究开发早期投入大量的资金予以支持，同时还要承担研究开发失败的巨大风险，但一旦开发成功，生产信息产品所需的成本则相对较低。而且复制软件无需再大量投资专业设备，只要简单的磁盘拷贝即可，其边际生产成本几乎为零。

文化创意产业还具有可变成本低的特点。由此使得文化创意产业的生产往往没有生产规模的限制，我们熟悉的平均成本的“U”形曲线在文化创意产业的生产中几乎是不成立的。比如在电影的生产过程中，摄影器材、人力成本等初次生产的固定投入非常大，甚至包括在制造 DVD 的过程中生产线的固定投资也相当的大，而在拍摄完毕上映或制作成 DVD 的生产过程中，可变成本还不到总成本的 10%，特别是一旦达到所需的规模，其增加产量所增加的制造、销售和支持的相对成本大大低于传统产业。

因此，我们可以用以下形式表示文化创意产业的成本特征：设生产某项文化创意产品的总成本为 C ，CF 代表固定成本（或研究开发成本），CV 代表可变成本（生产制造成本），n 代表生产该产品

的数量。则有:

$$C = CF + n \cdot CV$$

当 n 足够大时,则有

$$C/n = CV$$

与传统产业相比,文化创意产业表现出很强的规模经济效应,n 越大,该产品的平均成本就越低,其成本约等于文化创意内容的物化资本。比如说一张光碟,其成本基本可以忽略不计。文化创意这样的成本结构使其对企业的生产有较好的激励作用。

文化创意产业具有高成长经济性。"成长经济"是一个较新的概念,企业成长理论起源于大规模生产规律的研究,经过规模经济理论的阶段,到美国经济学家佩罗兹 1959 年发表《企业成长的理论》一书,奠定了这一理论的基础。该理论认为,从资源有效利用的角度,可以发现一种与企业规模无关的新的经济效果。成长经济,它是指企业向特定方向扩张的过程中,各个企业可能享受到的内部经济性;这是从企业可能利用的生产性实用价值的集合中挖掘出来,可以使得在生产原有产品或研发与生产新的产品时,比其他企业更有优势地位的要素。例如开发一套企业服务软件,由于企业内部的学习作用,在为其他企业进行定制时可以参考之前的知识积累而提高开发速度与降低开发成本①。

① [英]彭罗斯. 企业成长理论[M].上海人民出版社.2007.

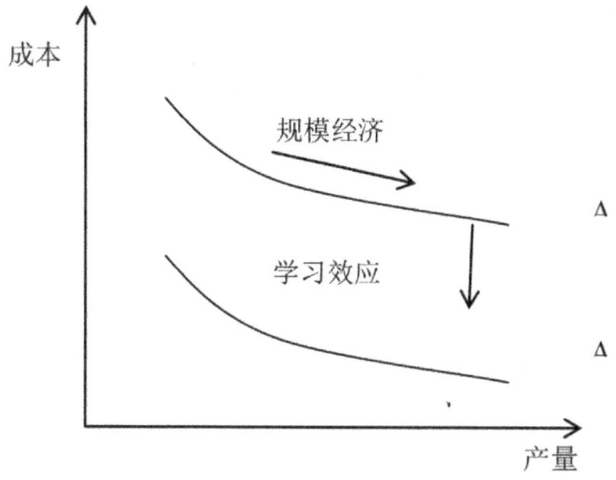

图 4-2　文化创意产业的高成长经济性

文化创意产业在发展过程中，是一个知识积累的过程，能够随着经营活动的过程自动地积累起来，从而形成企业独有的资本，这些资本不断地沉淀在企业当中，对企业的成长起到重要的推动作用。文化创意产业中这样的知识积累过程更为明显，另外，上文中提到，由于文化创意资本的黏性，使其为企业所特有，更容易形成企业独特而易于持久的竞争优势；另外由于文化创意资本的共享性，利用其开展新业务的成本较低。

(2)从消费与购买的角度

随着经济发展和收入水平的不断提高，促进商品价值增值和消费者认可程度的提高的基本趋势是沿着使用价值到观念价值的路径开展的。观念价值包括体验价值、文化价值等。胡晓鹏(2006)认为，体验价值是指同样物理属性的前提下，人们因外观形象等方面的差异而愿意多支付的部分，主要取决于个人偏好；而文化价值主要是指商品内在的文化属性以及个人因为消费品所带来的文化认同感与归属感。[①]

文化创意产业是创造价值的过程,传统产业注重改变产品的功能价值,为消费者提供新的更高的使用价值。文化创意产业则是要通过改善产品的观念价值获得市场利润。与传统产业以产品为导向的价值创造机制不同,文化创意产业以消费者的需求为导向,通过满足顾客的观念需求、文化需求,实现文化创意产业的价值创造。

知识经济时代与工业经济时代不同,文化创意等抽象元素在经济生活中的作用越来越强,文化创意的创造、处理、加工、流通与利用变得越来越方便,商品中的文化创意内涵越来越重要,企业甚至可以为顾客提供快捷的个性化解决方案,从而赢得更大的市场。与过去不同,目前这样的服务在成本上也是可行的。所以,在知识经济时代,企业将大量的符号与象征元素(如品牌等)运用在商品的生产与消费以及售后过程中,能有效地增强产品与服务的竞争力。

文化创意产品的购买行为具有示范作用。文化创意产品有着可共享性的特点,在用户之间,一些文化创意产品是可以实现共享或者共同体验的。比如一个游戏软件,当游戏大规模发行,除了能降低成本直接获取用户之外,还能够通过用户之间的交流达到示范效果,引导其他用户也购买此款游戏。文化创意产业的这个特性也可以理解为用户购买行为中的"从众效应",或文化认同的一个过程,这一特征的具体体现见图 4-3。当价格从降为几时,从需求曲线 D1 来看,需求数量本来应该由 Q1 增加到 Q2(即"纯价格效应"导致需求数量的上升),但实际需求数量却由 Q1 增加到 Q3。这就是因

① 胡晓鹏.基于资本属性的文化创意产业研究[J].中国工业经济,2006,12:3—7.

为,当用户群体增加以后,就会有更多的用户对该产品产生需求,从而使这一产品的用户数量从Q2增加到Q3,这部分需求与价格无关,是由于用户数量的增加而导致更多的用户选择购买该产品,即存在“示范作用”。

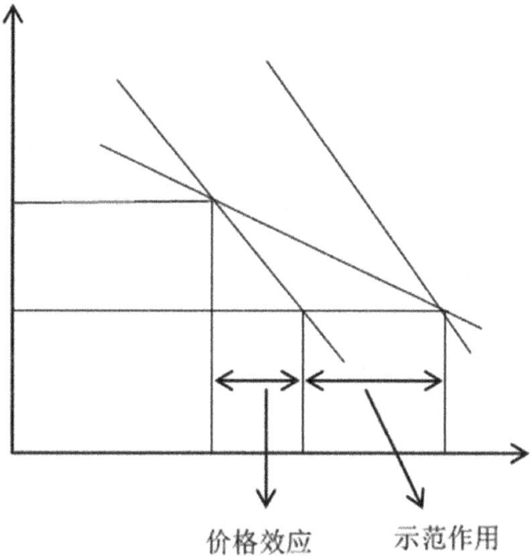

图4-3　文化创意产业的示范作用

4.2.3　文化创意产业的宏观绩效

(1)从区域发展的角度

霍金斯在《创意经济》一书中指出,全世界的文化创意产业每天创造的产值高达200亿美元,并以逐年5%的速度在递增,美国和英国的速度更快,分别达到14%、12%。[①] 从中观的维度来看,文化创意产业的发展对于地区综合竞争力的提升有着重要的意义。目前,文化创意产业较为发达的主要是在大型的“世界城市”,如纽约、伦敦、巴黎、东京、新加坡、悉尼、米兰、维也纳、中国台北、首尔、中国香

① 约翰·霍金斯.创意经济——人们如何从思想中创造金钱[M].上海三联出版社.2001.

港等地区，从本质上来说，这些“世界城市”的衡量不仅仅表现在经济上，还应体现在文化、社会等领域。北京正在向世界城市的建议目标努力，文化创意产业的发展必不可少。

20世纪90年代以后，在国际产业转移与全球产业升级的推动下，世界城市纷纷将文化创意产业作为其区域发展的重点，文化创意产业在这些经济发达的都市和区域（如伦敦、纽约、新加坡、悉尼、香港等）形成持续的高速的增长，并且表现了较强的扩散效应，对其他的产业甚至所有产业的增长起到重要的影响。作为有如此强大生命力的产业，文化创意产业已经成长为该国家和区域的主导产业，成功地规避了“产业空洞化”的同量，也在全球产业价值链体系中确立和巩固了自身的高端地位。近年来，随着北京许多工业基地的撤离，产业空洞化现象正严重制约着地区经济的增长，借鉴先进国家的经验，大力发展文化创意产业，充分利用首都的文化资源，具有较强的意义与可操作性。

从国内外的实际情况来看，文化创意产业给所在区域经济结构、空间结构的演变带来了新的变化，文化创意产业的快速发展对区域经济发展产生了显著的推动作用，对于区域经济发展的持续性和全球范围的城市竞争力提升有着越来越重要的影响。

(2)从国家经济赶超的角度

在现代经济发展过程中，无论是资本还是技术，都具有明显的层级差。发达国家为了实现经济的进一步发展，更多的是将本区域已不再具备生产、经营条件的产业，以及与此相关的二流甚至是落后的技术和资本转移到发展中区域，这一方面促进了发达国家产业的升级和优化，另一方面也推动着发达国家经济进一步发展。虽然，我们不能否认这样的转移同样有利于落后地区的经济发展，但是，转移的最终结果是发达地区与落后地区的经济落差越来越大，因为发达国家的产业转移不再是单纯的抛弃式的产业转移，而是以跨国公司为控制手段实现产业转移，这种方式有利于发达国家由始至终控制着产业分工与价值链的布局。由此看来，成本优势只是暂时的、不可持续的。一些国家意识到这一点后，则希望通过科技进步与技术创新能力的提高来实现赶超，然而从实际上来看，这一手段的效果并不理想。对于大多数发展中国家而言，除了其原本的技术资本的积累较低，其人力资本以及教育水平等也相对匮乏，在引进国外先进技术之后，其消化吸收的能力也很有限，而且随着知识产权保护的日渐规范，始终难以获得领先优势。

在这样的背景下，重新认识和界定文化创意的经济功能，无疑会为发展中国家的经济崛起路径提供更为可行的新选择。目前，文化创意产业的经济功能主要体现在三个方面：一是直接以文化创意产业的形式独立存在，并成为国民经济的重要产业，如英国的文化创意产业，这是作为新经济增长点对经济的直接贡献；二是通过渗透与改造的方式对传统产业加以改造，以降低生产成本、延长产品周期、提升传统产品价值等，能有效地提升地区经济增长的全要素生产率；三是通过制度、社会的协同发展，为经济持续增长建造良好健康的环境，有效地提高经济增长质量。

综合上述分析，可以看出文化创意产业对经济增长具有明显的促进作用，而且随着知识经济时代的到来，知识资本将会取代以往的产业资本，发挥更重要的作用，因而可以预见，文化创意产业的经济增长贡献率会越来越高。

4.3　文化创意产业影响经济效率的机制

通过上述从企业、城市到国家的文化创意产业的绩效分析，可以知道，文化创意产业的发展除了作为新的经济增长点为地区产出做出贡献之外，从经济增长模型的角度来看，无论是产业结构调整、对传统产业的升级、制度社会的协同进步等，都可以表现为经济效率，即全要素生产率的提高。本研究认为，文化创意产业能够通过持续创新、知识溢出与扩散以及资源转化机制有效地实现全要素生产率的提升。

4.3.1　持续创新机制

文化创意产业起源于创意经济，而创意经济的理论基础是熊彼特的创新理论（Schumpeter，1912），即创新是经济增长源泉的理论观点，一直为经济学界高度关注和深入研讨，并发展成为相关的创意经济增长理论，现代经济的持续增长是持续创新的结果。① 在经济增长模型的发展过程中，新古典经济学派的代表索洛（Solow，1957）率先将技术进步引入道格拉斯生产函数，建立了新古典增长模型，虽然他并没有解释技术进步的内容，但是该模型第一次揭示了技术进步对经济增长的重大贡献，具有重要的里程碑的作用。② 罗默（Romer，1986）在索洛模型的基础上，将技术进步内生化，建立了内生技术进步模型，证明了技术进步及经济增长的原因是随时间

① 侯彬，邝小文.熊彼特的创新理论及其意义[J].科学社会主义，2005，(02)：86－88.

② 沈小波.资源环境约束下的经济增长与政策选择——基于新古典增长模型的理论分析[J].中国经济问题，2010，(05)：10－17.

推移而不断增长的新的创意的数量。[①] 随后,一些经济学家在此基础上又从不同的角度考量知识对经济增长的决定性作用(King and Robson,1993; Aghion and Howitt,1992 等)。所有这些模型表达出来一个重要的思想,就是知识积累对于经济增长的重要意义,这种广义的知识包括人力资本和技术变化(Rogers,1997)。他们认为,经济增长的关键原动力是知识积累。

文化创意产业是源于个体创造力、才华与技能和活动,通过知识产权的开发和运用,能够创造财富和就业的行业,它强调创意对经济的支持与推动的新兴理念。持续的创意资源是推动经济增长的重要源泉,从事创意资源开发活动的工作者已经超越了单纯意义上的劳动生产者,它属于创意阶层(Richard Florida,2006),是指专门从事脑力劳动的个人与群体的统称。[②] 创意阶层在运用各种已有知识的基础上,通过学习和自身的智慧进行新知识、新技能或新思想的生产,在不断地丰富各知识领域内容的基础贡献之外,其对文化资源的改造与提升,为创新领域提供源源不断的创意积累。文化创意产品的生产、再生产被视为文化创意产业的核心,是文化创意凝结而成的重要成果。随着持续的创新活动,文化创意产业实现很好的知识积累,在内生经济增长理论之上,这些文化创意的积累,以及不断新增的新知识、新技术、新文化是经济持续增长的重要源泉。在现代经济增长阶段,生产者能通过这些无形的文化创意资产代替

① 傅晓霞,吴利学. 技术差距、创新路径与经济赶超——基于后发国家的内生技术进步模型[J]. 经济研究,2013,(06):19—32.

② Richard Florida. The Rise of the Creative Class[M]. New York: Basic Books, 2002.

自然资源，促进财富创造和经济增长，以满足人们从物质需求向更高层次的文化精神需要的消费转变。文化创意产业是不断引领经济可持续增长的发动机，是当人类物质生产到达了一定的阶段后，减少对外部物质资源的依赖，转而开始向自身的一种内源性、可再生性的创造性资源需求转变的产业。特别是在知识经济时代，文化创意产业提供的文化创意产品无论是作为技术形式存在还是作为知识形态存在，都显示出了其在经济增长中的特殊地位与作用。

4.3.2 扩散及溢出机制

知识的溢出与扩散是知识经济时代的重要特征，文化创意产业所涉及的产业部门很多，除了直接从事文化创意产品生产的部门外，还包括文化创意产品的传播和服务部门，包括新时代的一些与信息技术相融合的传播渠道，比如广播电视、互联网传播等。文化创意产业的发展主要有两方面的发展，一方面有更多文化创意的产生与积累；另一方面加速文化创意的传播速度，扩大其创意生产与积累的影响力与外部性。文化创意产业的核心要素是信息、知识、文化资源等无形生产要素；文化创意产品的价值实现来源于扩散与传播，其普及程度越高，其价值也就越大。

从人类历史来看，知识扩散在社会进步过程中起着至关重要的作用。一项技术创新，除非得到广泛的应用和推广，否则它将不以任何物质形式影响经济。舒尔茨曾经指出，没有扩散创新就不可能有经济影响。知识的溢出效应指的是知识的社会化，这是文化创意产业发展推动经济增长的一个重要的机制。在创新过程与创意行为中，依据的一般是隐性知识，文化创意产业的发展有助于把这些隐性知识附着于文化创意产品中，以此为载体加速知识的扩散与学习；在文化创意产业中的集群化发展模式以及产学研一体化模型，就是吸收、利用和转换知识溢出效应的有效方式。一个企业或一个研究机构，其新技术、新商业模型、新的科研成果均必须通过交流、分享、交换等一类的分工协作外溢出去。在产业链中，文化创意产业正是担当这一重要的环节，通过加速知识的流动，让更多的企业、个人接受新的观念，从而从消费结构，产业结构等方面对经济增长起到推动作用。

这与内生经济增长理论是相符合的，这正是文化创意产业间接影响经济增长的内在机制。内生经济增长理论和新贸易理论都认为，知识溢出和经济增长有密切的联系。罗默的知识溢出理论认为，知识是追逐利润的厂商进行投资决策的产物，知识不同于普通商品之处是知识有溢出效应。阿罗最早用外部性解释了溢出效应对经济增长的作用。他认为新投资具有溢出效应，不仅进行投资的厂商可以通过积累生产经验提高生产率，其他厂商也可以通过学习提高生产率。溢出效应带来了规模报酬递增，导致企业产出效率提高和财富增加，从而引起经济增长。

4.3.3　资源转化机制

当文化创意产业所创造出来的文化创意产品除了在满足人的文化精神需求之外，由于其知识溢出及扩散效应而使其成为影响经济增长要素的重要原因时，这些文化创意产品就不再是单纯意义上的产品了，它们具有显著的价值增值效应，这时候它就转化成一种新的资本形式，我们称之为文化资本。根据文化资本的存在状态，可以把文化资本分为内在文化资本和外在文化资本两个类别，二者相互影响，相互转化，都与文化创意产业的产业结构体系有着紧密的关联。外在文化资本是人类文化创意活动或文化创意生产的产物，即文化创意产品。它是人类对客观世界的反映，经过信息获取、加工、处理而形成的文化创意创造物。按照人们一般的理解，文化创意产品分为个类，一类是生产性的文化创意产品，即人们在生产实践中的认识、发现与创造，以实用性为主，包括科学、技术、知识、语言、文字等，是技术创新成果的代表；另一类是满足人类文化精神需求的文化创意产品，它们更多的是主观性创造，带有明显的意识倾向，能够维系社会稳定运行及塑造人们价值观的创造成果，包括宗教、哲学、伦理规范、文学作品、艺术作品等，成为文化创意产业的文化创意资源。两类文化创意产品的社会功能是有差别的，前者提高人们的科学文化素质，后者提高人们的思想道德素质。在当前，文化创意产品的商品化已成为时代的潮流，这是文化创意产业快速发展的重要动力，同时，这也是促进当代知识、文化创意财富迅速增长的重要经济杠杆。

如果说文化创意产品是人们文化创意的外化后的产物，那么受文化创意产品扩散、传播影响而形成的人们自身的价值观、心智水平及个人能力则属于内在文化资本。内在文化资本的形成可能是主动的也可能是被动的，比如，在教育手段的帮助下，通过学习、消化、吸收文化创意产品的内容，内化为个人的认识水平和价值取向。外在文化资本与内在文化资本的转化关系同显性知识及隐性知识的关系非常相近。内生经济增长理论认为技术创新是经济增长的源泉，而劳动分工程度和专业化人力资本的积累水平是决定技术创新水平高低的最主要因素。这个转化过程分为两个阶段，一是外在文化资本向内在文化资本的转化；二是内在文化资本在经济发展过程中的价值转化。文化创意产业的发展加速了这两个阶段的转化进程，使文化创意产品数量不断增加。人力资本和文化资本的不断积累，间接地加快了经济增长的速度。文化资本是一个关联性、自组织性非常强的体系，外在文化资本与内在文化资本相互促进、相互影响、相互制约。这是一个开放的内循环系统，是不断的从实践到文化资本，再从文化资本到实践的过程，它们之间的相互转化不但带来了经济增长，同时也促进了社会的进步。

综合上述分析，文化创意产业对经济增长的作用路径可以归纳为以下一系列经济活动：技术进步体现为一部分的持续创新，从而产生新产品、新流程、新工艺、新的商业模式等等；作为新的经济增长点，增长由这些创新的部门所拉动，随后通过这个部门与其他部门的联系带动其他更多部门的增长，形成增长的拉动过程，但是这个主导部门的领先地位一直保持，经济的增长过程将由非均衡状态向均衡状态发展。这个过程当中，扩散与溢出机制有利于其他部门通过学习从而提高自身的生产率，将外在文化资本内化为自身的生产力，从而实现文化创意产业对各部门的要素生产率的提升；通过主导部门的持续创新与非均衡状态的调整过程，不断地推动着经济的增长，并通过扩散与溢出效应协同发展社会与相关制度，从而形成一个不断由创新推进的演化观点的经济增长分析思路。文化创意产业的发展非常符合上述产业推进经济增长的演化思路，它通过创新机制、扩散机制和转化机制深化了对经济增长的影响路径和过程。同时，这三种机制是相互联系的，它们之间存在递进的价值转移关系，这三种机制的存在使文化创意产业发展的外部效应非常明显。它的发展除自身对经济增长的作用外，还能够影响其他生产要素的形成和转化效率，使生产能力不断得到提升。

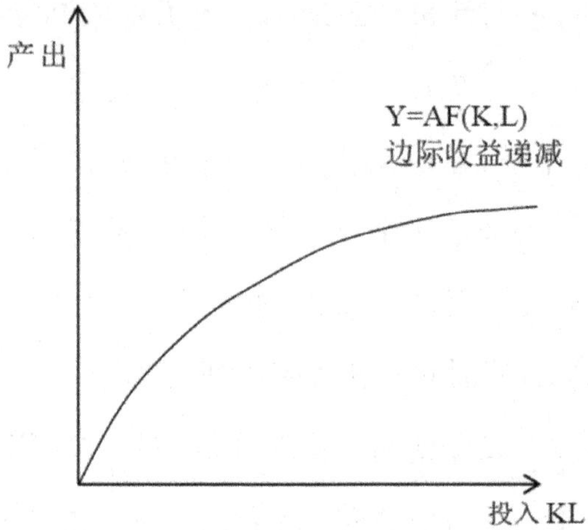

图 4-4　古典经济增长模型

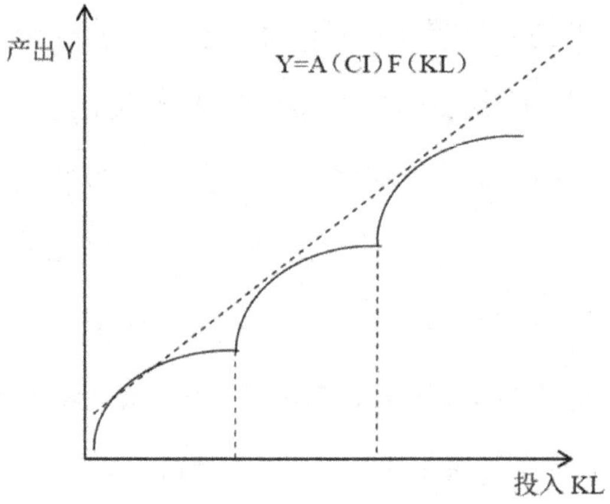

图 4-5　持续创新周期下的经济增长模型

4.4　文化创意产业发展对经济增长质量的实证分析

随着人们生活水平的提高，文化消费在消费品中的比重不断增大，近年来，文化创意产业在各地区迅速地发展起来，已经成为地区经济的一个十分重要的新经济增长点。另外，文化创意产业除了自身的增加值对当地经济增长做出直接贡献，还能够通过改善地区创新能力，提升要素生产效率来间接地促进地区经济增长。本章节以北京文化创意产业的相关数据为基础，通过协整分析与因果分析，说明文化创意要素对当地全要素生产率的影响，最后通过经济增长模型建立回归方程，比较文化创意要素与经济增长的主要要——素资本存量与劳动力对经济增长的贡献度。

4.4.1　指标的选择与数据说明

人均地区生产总值与全要素生产率是经济增长质量的重要代表指标，其中人均地区生产总值是经济增长量的重要指标，全要素生产率是经济增长质的重要指标，分别记作 PGDP、TFP，本章节用以上两个指标来分别说明文化创意产业的发展对经济增长的直接与间接影响。文化创意产业的发展主要采用相关产业的增加值来表示，记作 CI，选取统计年鉴中信息传输、计算机服务和软件业、文化、体育和娱乐业、科学研究与技术服务业增加值作为文化创意产业发展水平的代表指标。本研究采用的数据均来自于《北京统计年鉴》(1992—2011)，取样的区间为 1991—2012 年。

4.4.2　数据的处理

(1)数据的基本处理。为了更准确地说明问题，需要对原始数据进行处理，人均地区生产总值采用按环比增长率计算的人均地区生产总值平减指数进行平减，以消除物价因素的影响。文化创意产业则使用按环比增长率计算的第三产业地区生产指数进行平减。同时，为了消除数据中可能存在的异方差，分别对变量取自然对数，分别记为 $LnPGDP$ 、$LnCI$ 、$LnTFP$ ，其中，TFP 不能从年鉴中直接获得且计算过程相对比较复杂，下面将详细介绍 TFP 的计算过程。

(2)全要素生产率的计算。全要素生产率又叫综合要素生产率,是指除了劳动力和资本两大物质要素之外,其他所有生产要素所带来的产出增长率。测定 TFP 的代表方法有代数指数法、索洛余值法、距离指数法等,本研究采用最基本、使用最广的索洛余值法。根据 C—D 生产函数可得:

$$Y_t = A L_t^{\alpha} K_t^{\beta}$$

用 Y 表示地区产出,L 和 K 分别表示劳动和资本的投入量,α 和 β 分别为劳动与资本的产出弹性。一般地,设 $\alpha + \beta = 1$,上述方程可改写为:

$$Ln \frac{Y_t}{L_t} = LnA + \alpha Ln(\frac{K_t}{L_t})$$

为了更准确地说明问题,进行以下处理。

地区产出数据 Y_t:基础数据取自《北京统计年鉴 2011》,采用按环比增长率计算的地区生产总值平减指数进行平减。

资本存量数据 K_t:目前的统计资料没有直接给出资本存量的相关数据,本研究采用国际上通常使用的永续盘存法进行计算。

$$K_t = K_{t-1}(1-\delta) + I_t / P_t$$

其中 K_t、I_t 和 P_t 分别为 t 期的资本存量、新增投资和投资物价格指数;δ 为资本的折旧率,根据相关研究与我国的具体情况,假设为 9.6%。另外,基期的资本存量数据采用霍尔和琼斯(1999)所采用的方法:$K_0 = I_0/(g+\delta)$,I_0 为基期的投资,g 为投资的年平均增长率。

运用 EVIEW5.0 对双对数模型进行 OLS 估计,得到以下结果:

$$Ln\frac{Y_t}{L_t} = -0.65584 + 0.60571Ln(\frac{K_t}{L_t})$$

$$(-28.29088)\quad(11.32777)$$

$$R^2 = 0.995359 \quad F = 3860.308 \quad DW = 1.72213$$

从以上检验结果中可以看出，回归结果显著，并能较好地通过序列自相关检验。从回归方程中可得到 $\alpha = 0.606$ 和 $\beta = 0.394$，代入

$$TFP = Y_t / L_t^{\alpha} K_t^{\beta}$$

得到北京 1991 年到 2012 年的全要素生产率，同样的，进行取自然对数的处理，消除异方差。

4.4.3　文化创意产业与经济增长质量的协整分析

(1)平稳性检验。宏观数据经常呈现非平稳特征，如果对非平稳变量做传统的回归分析时会产生虚假回归问题，即使回归有较高的可决系数，但是模型的估计结果是没有意义的。所以为了确保协整分析与因果检验的有效性，需要对序列数据进行平稳性检验。本研究采用单位根检验，单位根检验中最常用的方法是 ADF 检验，主要通过下面三个模型完成。

模型 1：$\triangle X_t = \delta X_{t-1} + \sum_{i=1}^{m} \beta_i \triangle X_{t-1} + \varepsilon_t$

模型 2：$\triangle X_t = \alpha + \delta X_{t-1} + \sum_{i=1}^{m} \beta_i \triangle X_{t-1} + \varepsilon_t$

模型 3：$\triangle X_t = \alpha + \beta t + \delta X_{t-1} + \sum_{i=1}^{m} \beta_i \triangle X_{t-1} + \varepsilon_t$

模型 3 中的 t 是时间变量，代表了时间序列随时间变化的某种趋势。三个模型的零假设都是 $H_0:\delta = 0$，存在单位根。模型 1 与模型 2、模型 3 的差别在于是否包含常数项和趋势项。从模型 3 到模

型 1 的顺序开始检验实验，如果接受零假设，则存在单位根，该时间序列为非平稳的；如果拒绝零假设，则不存在单位根，时间序列是平稳的，最优滞后期的选择按 Schwarz Info Criterion（SIC）最小原则来确定。检验结果如表 4-2 所示。检验结果表明上述时间序列都为一阶单整序列。

表 4-2　各变量 ADF 单位根检验表

变量	检验形式	ADF 统计量	1%临界值	5%临界值	10%临界值	检验结果
LnPGDP	(c，t，1)	−2.387238	−4. 836723	−4.008157	−3.218676	非平稳
LnCI	(c，t，0)	−0.425171	−0.3591489	−3.403313	−2.485962	非平稳
LnTFP	(c，t，0)	−3.006388	−4.557883	−4.107833	−3.569865	非平稳
△*LnPGDP*	(c，t，2)	−4.539083	−4.227949	−3.806292	−3.236985	平稳
△*LnCI*	(c，t，1)	−4.306680	−4. 100679	−3.008157	−2.365896	平稳
△*LnTFP*	(c，t，1)	−5.494836	−4.878026	−4.246503	−3.895612	平稳

注：此表结果通过计量经济学软件 Eviews5.1 计算得出，其中 C、T、K 分别表示 ADF 检验中是否包含常数项、时间趋势项检验采用的滞后期数，n 表示不包括时间趋势项。

（2）协整分析。从经济系统的角度来看，一些经济指标之间在长期中应当存在均衡关系。虽然一些经济变量本身是非平稳的，但是它们的线性组合却可能是平稳序列，这种平稳的线性组合称为协整方程。当经济变量之间存在协整关系的时候，表明这些变量之间存在长期的稳定的均衡关系，虽然在短期内由于随机因素的干扰可能发生偏离，协整关系意味着这些偏离是暂时的，随时间的偏移可回归长期均衡状态。为了进一步分析文化创意产业发展与经济增长之间是否存在长期的均衡关系，下面对 *LnPGDP*、*LnCI*、*LnTFP* 分别进行协整分析。通过平稳性检验，三个变量均为一阶单整，满足协整检验的前提，下面用两步法对 $LnPGDP$ 、$LnCI$ 、$LnTFP$ 分别进行协整检验。本研究目标在于说明文化创意产业的发展与人均地区生产总值以及全要素生产率的促进作用，首先，针对性地建立以下三个协整回归方程：

$$Ln\,PGDP_t = 6.623061 + 0.589922LnCI_t$$

$$(77.19920)\quad(33.07751)$$

$R^2 = 0.983815$　$Adjusted\,R^2 = 0.982916$　$F = 1094.122$　$DW = 0.438036$

$$LnTFP_t = -0.660188 + 0.128253LnCI_t$$

$$(-17.04090)\quad(15.92486)$$

$R^2 = 0.933726$　$Adjusted\,R^2 = 0.930045$　$F = 253.6012$　$DW = 0.651313$

计算上述方程的残差，得到以下序列。

$$ECM_{1t} = Ln\,PGDP_t - 6.623061 - 0.589922LnCI_t$$

$$ECM_{2t} = LnTFP_t + 0.660188 - 0.128253LnCI_t$$

对上述模型的残差项进行 ADF 检验，检验 ε 是否 $I(0)$ 。

表 4-3　残差序列的 ADF 单位根检验表

变量	检验形式	ADF 统计量	5%临界值	检验结果
ε_1	(0, 0 ,2)	−3.248780	−3.212696	平稳
ε_2	(0, 0 ,1)	−2.819896	−1.982344	平稳

从表 4-3 残差序列的 ADF 单位根检验表的结果可知，两者的 ADF 检验统计量分别为－3.248780、－2.819896，均小于显著水平 0.05 的临界值，表明残差序列均为平稳序列。这表明 $LnCI$ 与 $LnPGDP$ 、$LnTFP$ 存在长期稳定的均衡关系，协整向量为(1，－0.

589922)、(1，－0.128253)

4.4.4 文化创意产业与经济增长质量的因果分析

通过协整检验说明文化创意产业的发展与人均地区生产总值、与全要素生产率之间存在着长期的协整关系，但是如果要看这种关系是否存在因果关系，还需要进一步的验证。本研究采用格兰杰因为检验法(Granger，1969，1988)对变量之间的因果关系进行进一步的验证，其基本思想是：如果变量 X 有助于预测变量 Y，加入 X 变量能显著地提升 Y 的过去值对 Y 的预测能力，则称 X 是 Y 的格兰杰原因，否则，X 不是 Y 的格兰杰原因。同时还指出，如果变量之间是协整的，则至少在一个方向中存在格兰杰因果关系，协整关系是格兰杰检验的前提。格兰杰检验的过程如下。

检验零假设为 H_0："X 不是 Y 变化的原因"建立两个估计模型：

$$Y_t = \sum_{i=1}^{p} \alpha_t Y_{t-1} + \sum_{i=1}^{p} \beta_t X_{t-1} + \mu_t$$

$$Y_t = \sum_{i=1}^{p} \alpha_t Y_{t-1} + \mu_t$$

上式分别为无限制条件回归与有限制条件回归模型，p 为滞后期数，α_t 与 β_t 为待估计系数，μ_t 为白噪声。分别利用上述两回归方程的残差平方计算 F 统计值，检验 β_t 是否同时显著不为零，只要其中一个显著不为零，则拒绝零假设，接受"X 是 Y 发生变化的原因"检验的统计量 F 值的计算公式如下：

$$F = \frac{\frac{RSS_0 - RSS_1}{p}}{\frac{RSS_1}{t-2p-1}} \sim F(p, t-2p-1)$$

RSS_0 为有限条件回归模型的残差平方和，RSS_1 为无限条件回归模型的残差平方和。同样的，在考核 Y 对 X 变化作用的时候，只是变量方向上的互换，步骤不变。

本研究采用滞后阶数 4-3 阶来进行检验，以说明在不同滞后期下文化创意产业发展与人均地区产值和全要素生产率之间的格兰杰因果关系。

根据表 4.3 的检验结果可以看出，在 95% 的置信水平下，滞后期 1 到 2 期，文化创意产业的发展是人均地区产值的格兰杰原因，滞后期 1 到 3 期，人均地区产值是文化创意产业的发展，这说明文化创意产业发展与人均地区产值有着双向的因果关系。滞后期 1 到 2 期，文化创意产业的发展是全要素生产率的格兰杰原因，在滞后期 1 到 3 期，全要素生产率均不是文化创意产业发展的格兰杰原因。因此可以得出以下结果，文化创意产业对人均地区产值存在着双向的因果关系，文化创意产业促进人均地区产值提升的同时，反过来人均收入的增加对文化创意产业的发展有明显的促进作用。同时文化创意产业也是全要素增长率的原因。综合来说，文化创意产业的发展是经济增长的质与量的重要因素。

表 4-4　残差序列的 ADF 单位根检验表

原假设	滞后期	F 值	P 值	结论
LNCI 不是 LNPGDP 的 granger 原因	1	6.56008	0.02092	拒绝
LNPGDP 不是 LNCI 的 granger 原因		9.09288	0.00821	拒绝
LNCI 不是 LNPGDP 的 granger 原因	2	4.94380	0.02531	拒绝
LNPGDP 不是 LNCI 的 granger 原因		7.29170	0.00752	拒绝
LNCI 不是 LNPGDP 的 granger 原因	3	2.67470	0.10409	接受
LNPGDP 不是 LNCI 的 granger 原因		7.15953	0.00751	拒绝

续表

原假设	滞后期	F值	P值	结论
LNCI 不是 LNTFP 的 granger 原因	1	5.69295	0.02974	拒绝
LNTFP 不是 LNCI 的 granger 原因		0.34948	0.56267	接受
LNCI 不是 LNTFP 的 granger 原因	2	4.12549	0.04099	拒绝
LNTFP 不是 LNCI 的 granger 原因		0.71119	0.50920	接受
LNCI 不是 LNTFP 的 granger 原因	3	0.53256	0.67022	接受
LNTFP 不是 LNCI 的 granger 原因		2.65976	0.10528	接受

4.4.5 文化创意要素对经济增长总量的贡献分析：增长模型的实证分析

为了测试文化创意产业发展对经济增长和的贡献度以及分别对三次产业的影响，以反映其对结构的带动作用，本研究利用修正的柯布—道格拉斯生产函数进行回归分析。工业化时期的经济增长模型一般表示为：

$$Y = A K^{\alpha} L^{\beta}$$

式中，Y 为地区生产产出；K 为社会资本量；L 为社会劳动量；A、α 、β 为系数。随着经济社会的进步，该模型中还应该包含技术进步等其他方面的因素，如罗默的新经济增长模型表示为：

$$Y = A K^{\alpha} L^{\beta} S^{\gamma}$$

式中，S 代表社会技术进步。在现代社会中，文化创意产业的发展水平对经济的影响力越来越大，所以，将技术进步因子分解为两部分：

$$A = A_0 C^{\gamma}$$

式中，C 表示社会文化创意产业水平，γ 表示文化创意产业发展水平的产出弹性，A_0 表示除文化创意产业发展水平之外的其他技术进步因素。这样修正后的社会生产函数为：

$$Y = A_0 K^{\alpha} L^{\beta} C^{\gamma}$$

式中 α 、β 、γ 分别表示资本、劳动、创意要素的产出弹性。对式子两边取自然对数：

$$Ln\, Y_t = LnA_t + \alpha Ln\, K_t + \beta Ln\, L_t + \gamma Ln\, C_t$$

式中，Y 为地区生产产出，选用地区生产总产值 GDP 作为产出指标；K 为社会资本量，利用上文计算所得资本存量作为社会资本存量的指标；L 为社会劳动量，采用地区就业人数作为指标；C 为文化创意产业发展水平，同样采用统计年鉴中信息传输、计算机服务和软件业、文化、体育和娱乐业、科学研究与技术服务业增加值作为文化创意产业发展水平的代表指标。

运用 EVIEWS5.1 对行 OLS 回归分析。结果如下：

表 4-5　LS 回归分析结果

因变量：LnGDP				
回归方法：LS 最小最乘法				
变量	回归系数	标准差	t 统计量	P 值.
C	0.817117	0.848239	0.963311	0.3497
LnK	0.457929	0.059840	7.652565	0.0000
LnL	0.203638	0.112743	1.806221	0.0897
LnC	0.354604	0.065934	5.378146	0.0001
R2 样本决定系数	0.999319	因变量均值		8.104789
R2 调整系数	0.999191	因变量标准差		0.972097
标准误差	0.027650	赤池信息量(AIC)		−4.161500
残差平方和	0.012233	施瓦兹信息量(SC)		−3.962353

续表

似然统计量	45.61500	F 统计量	7822.655
DW 统计量	1.580853	相伴概率(P 值)	0.000000

$$Ln\,Y_t = 0.817 + 0.458Ln\,K_t + 0.204Ln\,L_t + 0.355Ln\,C_t + \varepsilon$$

$R^2 = 0.999319$　$F = 7822.655$　$S.E = 0.027650$　$DW = 1.580853$

根据上表的检验结果，以上模型的 t 检验值均通过检验，方程拟合优度较高，DW 接近 2，可认为方程基本不存在自相关。

根据模型的估计结果可以看出，资本要素对经济增长的贡献率最大，资本存量提高一个单位，相应的地区生产总值提高0.458，高于劳动力要素(0.204 个单位)和创意要素(0.355 个单位)。由此可以看出，北京市现阶段的经济增长中仍然是以资本投入为主，劳动力要素的重要性下降，创意要素成为地区经济增长的重要生产因素，已经超过了劳动力要素的作用，能结合资本要素的投入，有效地推动地区经济的发展。

4.5 结论与启示

本章首先对文化创意产业发展对经济效率的进步进行了定性分析，首先从经济增长的源泉理论进行分析，得出现阶段文化创意对经济增长起到决定性的作用；接着探讨文化创意产业的资本属性，反映文化创意产业在经济发展过程当中所具有的经济性质，得出文化资本在一定的条件下，能与社会资本与经济资本实现转化，共同推进经济的增长；然后再从微观到宏观的维度，考察文化创意产业对企业、城市以及国家的经济决策的影响作用；最后通过对文化创意产业持续创新机制、扩散与溢出机制、资源转化机制的研究，得出文化创意产业推动经济效率进步，拉动经济持续增长的作用路径。

文化创意产业对经济效率提升的实证部分，通过协整分析与因果分析说明文化创意要素对当地全要素生产率的影响，最后通过经济增长模型建立回归方程，比较文化创意要素与经济增长的主要要素——资本存量与劳动力对经济增长的贡献度，并得出以下结论。

①通过协整分析，表明文化创意产业发展与人均地区收入、全要素生产率存在长期的均衡关系。另外，通过进一步的格兰杰因果检验结果得出，文化创意产业与人均地区收入存在双向的因果关系，分别在滞后 2 期与 3 期内对彼此产生较长时间的作用，说明文化创意产业的发展有利于地区经济增长，而人均收入的提高对文化创意产业的需求效应促进该产业的发展；文化创意产业对全要素生产率存在单向的因果，在滞后 2 期内对全要素生产率的提高有显著的作用，从第 3 期开始减弱，文化创意产业的持续发展对全要素生产率的提高十分重要。

②通过基于修正后的 C－D 函数对文化创意要素与经济增长总量进行实证分析，表明北京地区的经济增长仍然以资本要素的为主，劳动力要素的作用不明显，创意要素的弹性处于两者之间；这说明在劳动力要素重要性降低的同时，创意要素的重要性将日益显现，文化创意产业的发展有利于结合资本要素，有效地推动地区经济的发展。

第5章　文化创意产业对产业结构的影响

许多相关产业共同构成了地区经济的整体系统。在这一整体中,各个组成部分产业间相互依赖和相互作用的关系具体体现在结构内的技术、知识、物质等联系上。产业结构就是指地区经济中各个组成部分产业之间的联系及方式,一般是通过中间投入与需求来实现这种关联,根据分工协作理论,这种联系使得在产业体系内各组成部分形成了一个其整体功能大于各部分功能之和的结构系统。另外,通常使用较多的较为简单的表示方式是各产业部门之间的比例关系。文化创意产业是在新的经济发展阶段下成长起来的新兴产业,它在产业结构优化升级过程中发挥重要的作用。

5.1　文化创意产业的产业关联结构分析

文化创意产业具有高附加值、高渗透性、高辐射性等特点,主要通过延长产业链、产业融合升级传统产业或衍生出新产业来对产业结构进行改造与提升。以下将对这两个主要方面进行说明。

5.1.1 基于产业链的文化创意产业关联结构

文化创意产业具有延长产业链与加强链内产业关联紧密度的作用。产业链是指在产品的加工过程中从最初的矿产资源或原材料经过各部分的分工协作，一直到最终产品的生成，到达消费者手中所包含的一系列环节构成的纵向链条。在分工日益深化的今天，任何一件最终产品或服务的生产和价值的实现都不可能全部由一个企业完成，企业间的分工协作、行业间的分工协作与产业间的分工协作日益深化，所有的生产行为均要受到其所在的产业链上下游企业的制约。产业链是基于分工协作经济的产业组织形式，其涵盖的产业范围十分广泛，从供应商到生产制造商再到渠道分销商和零售商等所有加盟的节点企业，强调同一产业链条上相关产业或企业之间的分工合作关系。由于产品从生产到消费的这一种直接关联作用，在产业链中的上下游企业会产生大量纵向关系。各企业的投入与消耗均与上下游企业的投入与消耗直接相关，表现为纵向一体化和纵向约束。产业链是各种各样的生产要素在流动中创造价值的连续体，是企业相互合作，通过信息交流与共享，相互投入与需求，将各种生产要素彼此配套形成的一个线性的动态系统。文化创意产业的发展有助于产业链延伸，除此之外还能通过其自身要素的渗透性加强链条中各组成部分的联结紧密度。从纵向一体化的角度来看，文化创意产业的产业关联度大，其在生产的过程中具有很强的外溢效应，能够带动上下游以及旁侧的一系列相关行业的发展。从产业链角度，文化创意产业的产业关联主要可以分为前向关联、后向关联和旁侧关联三个类型。

(1)前向关联

前向关联是指某个产业的产品在其他产业中的利用而形成的产业关联,表现为对下游产业的关联作用,其产品成为下游产业的投入物,这样的关联关系称之为前向关联作用。通常来说,产业可以通过生产技术、产值变化等方面的变化来引起它的前向关联部门的相关变化,甚至可以由于催生新型的产品导致新技术的出现与新兴产业部门的创建等。文化创意产业与其他产业的前向关联机制主要体现为生产型文化创意产业的影响。比如文化创意产业中的工艺创意,包括工艺设计、工业设计与技术研发,从而为下游产业提供新的生产方式、产品、技术和服务等集合要素,文化创意产业处于产业链的顶端,并与三次产业均有价值联系,这决定了它对各种产业都具有很强的前向关联效应。如基因再造、新品种培育等研发型创意部门会给第一产业带来新品种与新的生活方式,从而诱发第一产业产生新的产业部门。

(2)后向关联

后向关联关系就是产业通过需求吸收与其他产业部门发生的关联。一个产业在生产技术、产值变化等方面的变化能够引起它对后向关联部门的需求的变化,例如由于该产业自身对投入品的需求增加或要求提高而引起提供后向关联供应部门相应地扩大投资、提高产品质量、完善管理、加快技术进步等变化,以满足其需求变化的响应过程。文化创意产业领域中一些对技术要求较高的行业,如计算机与软件服务业以及广播影视等行业,对制作硬件设施要求较高,制作成本投入很大,对相关的设备制造行业、现代机器制造业和现代化学感光工业这些高技术设备行业具有较强的关联系数。如好莱坞的电影与影视制作、网络传输、出版传媒、高级印刷设备、大型节庆活动等等，如果没有这样的物质基础，现代电影产业的发展将会捉襟见肘，而这种依赖和要求关系，又进一步为现代机器制造业提供更大的市场需求，从而促进其后向企业的发展。

（3）旁侧关联

旁侧关联是指某一产业在生产过程中，虽然不在同一产业链上，但是却需要许多产业为其提供相关的辅助服务而产生的部门关联效应。比如一个产业部门的成长会引起其周围地区在经济和社会方面的一系列变化等。文化创意产业与其他产业的旁侧关联在咨询策划创意产业和文化艺术创意产业等内容创意与商业创意提供行业有较明显的反映。这些行业通过为其他产业提供咨询、营销、策划等服务，为其他产业提供改善管理、树立品牌、扩大市场、注入文化元素的解决方案，从而提高了这些产业的附加值。

5.1.2　基于产业融合的文化创意产业关联结构

产业融合，能够加快产业结构的优化以及传统产业升级，是未来产业发展的新趋势。在一些新兴产业如信息产业、文化创意产业等众多生产性服务业中，产业融合表现得更为突出。最早对产业融合问题的讨论是从技术角度进行的。美国学者罗森伯格(Rosenberg，1963)在《机械工具产业技术进步》一文中，对美国机械工具产业技术的演变进行了研究。当相似的技术应用于不同的产业时，一个独立的、专业化的机械工具产业就出现了，他将这一过程称为技术融合。20 世纪 90 年代以来，信息业、出版业和广播电视业出现产业边界模糊的现象，行业之间相互渗透，称之为数字融合。[1] 随着融合现象的日渐普遍，近几十年来，经济学家们从各个方面来关注与研究产业融合。植草益(2001)认为产业融合是通过技术革新和放宽限制来降低行业间的壁垒，加强行业企业之间的竞争合作关系。[2] 周振华(2003)认为产业融合并不是在原有框架下对原本各自分离部门的简单整合，而是在相互渗透中形成一个可将不同部门容纳其中的新的框架。[3] 厉无畏(2006)认为，产业融合是指不同产业或同一产业内的不同门类相互渗透、相互交叉，最终融为一体，逐步形成新产业的动态发展过程。[4] 产业融合是产业现代化进程中发生的一种经济现象，它改变了原有的相互独立的产业机构，使产业之间的关联形式变得多样化。

文化创意产业是文化、科技和知识调整融合的产物，其产品与服务，凭借着其文化内涵，借助高科技信息技术的融合，正广泛应用于各个产业形态之中，使文化创意产业对三次产业的各行业之间进行越界重组，体现了产业融合的产业发展新趋势。文化创意产业虽然归类为第三产业，但是其对三次产业均有较强的融合作用，通过对传统产业的融合、渗透，提升产业结构的能级，促使新的三大产业分工。

① 陈群，桂起权. 经济学究竟是严密自然科学还是行为科学？——A.罗森伯格经济学哲学思想解读[J]. 经济评论，2011，(05)：5—11.

② 植草益. 信息通讯业的产业融合[J]. 中国工业经济，2001，(02)：24—27.

③ 周振华. 产业融合：产业发展及经济增长的新动力[J]. 中国工业经济，2003，(04)：46—52.

④ 厉无畏.创意产业导论[M].北京：学林出版社，2006.

文化创意产业对第一产业的融合作用表现在文化创意产业的发展可以为第一产业的发展注入新的元素。新技术、文化创意与农业生产中种植与外延行业发生融合，使得农业生产从原来单纯的农产品产出，转向了对自然条件和创造能力的双重依赖。高科技农业使得农业产品获得更高的产量、更优势的品质的时候，文化创意融合农业产业发展的休闲农业、观光农业等新型农业形态，使得农业的发展更加多元化，实现产业链的延伸，极大地提高了农业的附加值，以及对现代社会需求变化的适应性。第一产业与文化创意产业的融合大大提升了第一产业的经济效益与可持续发展能力。

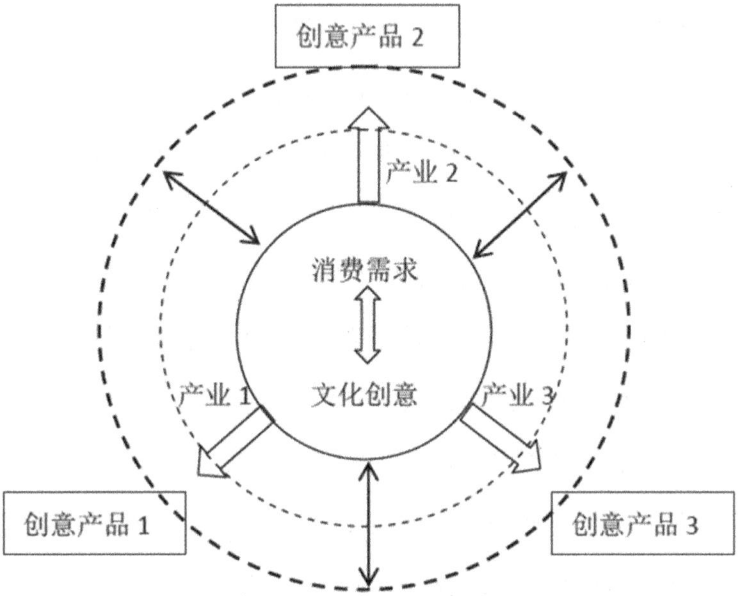

图 5-1　文化创意产业价值链

文化创意产业与第二产业的关联主要表现在生产型文化创意产业的一体化融合作用。文化创意产业中的工艺设计、工业设计与技术研发等，对第二产业的生产行为具有较强的关联效应和波及效果，其新工艺、新设计的发展可能引发新一轮的产业变革甚至工业革命。文化创意产业对第二产业的产品的影响有两方面，分别是功能价值与体验价值上的提升。研发与试验发展行业能为第二产业提供良好的物质生产基础，而计算机软件服务业则能通过提高用户体验提高产品的效用，提升其市场竞争力。这些创新成果已经成为第二产业技术水平和产品质量不断提高的源泉，推进我国第二产业内部从劳动密集型不断向知识技术密集型产业方向演进的重要推动力。目前，文化创意产业对工业活动的渗透作用日益深化，在科技、文化与传统工业的相互融合下，产业间的边界发生多重的交叉现象。“文化引领科技”，“文化创意带动创新”成为当前经济发展阶段的重要策略，是实现我国制造业中高端化的重要视角。发展文化创意产业对于走新型工业化道路有重大意义。

对于第三产业，文化创意产业同样的优化产业结构。在大多数国家和地区，文化创意产业这一新兴产业均没有单独出来，其产业归类还是照三次产业的归类标准被归入第三产业中去。从这个角度来看，文化创意产业与第三产业的融合更加彻底，第三产业与文化创意产业的行业存在着大量的重叠。然而各国之所以纷纷提出文化创意产业的独立概念，说明其与传统第三产业还是有区别的，重点是要突出其文化性与创新性，文化创意产业的这种文化与创新二向性使得它相比传统第三产业，其服务理念更加突出审美享受和满足精神需求的功能。所以，文化创意产业作为服务业的重要一部分，而又以异于传统服务业的文化与创新特性，对第三产业的其他服务与其他二次产业产生更广泛的影响作用，它可以通过知识、创意和服务相融合使传统服务业向知识密集型服务业发展，优化第三产业的内部结构，如咨询策划行业。可以说，文化创意产业是第三产业发展的高级化阶段的重要体现。

综合上述，随着创意经济阶段的到来，文化创意产业的发展以及其与传统产业的一体化发展，作为时代发展的潮流被广泛关注，文化创意产业与三次产业融合的结果就是使各产业的知识、技术集约化程度和趋势加强，通过文化创意要素的投入，促使各产业向价值链的高级化迈进，从而促进产业间结构的优化与产业内部结构的高级化。继信息产业之后，文化创意产业作为一个重要的新兴力量，与传统产业融合催生出许多新兴的交叉产业，作为众多交融产业的核心地带，成为三大产业持续创新发展的起点和动力源。

5.2　文化创意产业的价值关联分析

5.2.1　文化创意产品的价值构成

从经济学的角度看，价值是指某一事物给该事物所有者带来的效用的总和。从消费者的角度看，产品的市场价值由功能价值(Function Value)和观念价值(Concept Value)两个部分构成。功能价值是指商品的物理属性，它由科技创造组成，是商品的物质基础，主要用于满足消费者的基本需求，如衣、食、住、行。如买一件衣服，其用料、缝合等使得衣服具备耐穿、保暖等功能，这均为商品的价值功能。观念价值是在人们生活水平日益提高的前提下，发展起来的对商品的更高层次的追求，它是指商品的文化属性与象征意义，以及商品给人们带来的感受与体验上的价值。观念价值是主观的，可以体会和感受但无形，比如同样用料、缝合的衣服，由于品牌效应，其价格远远高于同样功能价值的其他衣服，其价格超出其功能价值的部分就是观念价值，其价值来源于其中包括的形象品位、文化认同等一些能与社会群体的精神追求或文化崇尚产生共鸣的无形附加物。

文化创意产品的价值构成与传统产品不同，它关注的是在功能价值的基础上满足消费者日益增长的文化精神的消费需求，即实现其产品的观念价值。文化创意产业更多地凝结了设计师的设计、创意思想，或是加入了传统文化元素，它的观念价值远远超过它的功能价值。

5.2.2　文化创意产业的价值链与人力资源价值创造

(1)文化创意产业价值链

价值链(value chain)是企业为客户等利益集团创造价值所进行的一系列活动的总称。美国哈佛商学院迈克尔·波特教授1985年在其著作《竞争优势》中首先提出这一概念，他认为，企业都是用来进行设计、生产、营销、交货等过程及对产品起辅助作用的各种相互分离的活动的集合，所有的这些活动都可以用价值链表示出来。“任何企业的价值链都由一系列相互联系的创造价值的活动构成，这些活动分布于从供应商的原材料获取到最终产品消费时的服务之间的每一个环节，这些环节相互关联并相互影响。”[①]文化创意产业是以文化创意创造为核心要素，生产以文化内涵、科技创新为核心价值的高附加值产品和服务的一系列经济活动群组，其产业的价值链组成主要由以下环节构成。

①内容创意。该环节位于文化创意产业链的顶端，主要增值部分在于原创的文化创意含量之中，该环节是控制整个链条的关键。它是指艺术家、设计师等创意生产者，将文化资源转化成文化创意

---

①　[美]迈克尔·波特. 竞争优势[M]. 中信出版社.2014.

内容的环节。与传统的实物生产不同，文化创意产业的这一环节通常是无形的。

②创意加工。文化创意内容的价值的实现，通常需要一个物化或系统化的过程，以便于进入市场进行流通。文化创意企业通过生产线，或研究孵化机器等，将文化创意内容物化成为消费品，或将其系统化，成为其他生产企业的中间投入要素。

文化创意产业除了给普通消费者提供文化艺术、广播影视等消费型文化创意产业外，作为生产型服务业的重要组成部分，其工艺设计、商业咨询等生产型文化创意产品还有着不同的价值创造路径。根据文化创意产品的服务对象的不同，其价值链分为两个方向，这两个方向并不是完全孤立的，而是通过市场的扩散与示范作用互相影响、互相促进的。

方向一：通过知识产权的出售，用于生产性服务。

方向二：创意内容物化后面向消费者（包括个人和企业的消费行为），具体环节与传统产品的价值路线类似。

①营销推广。营销推广是文化创意产业价值链非常重要的一环，是创意产业价值实现的关键环节。这一环节主要是指以代理商、策划人、经纪人为代表的“新媒介人”阶层通过对文化创意市场的准确预期和把握，运用各种营销模式将文化创意产品推向大众，将文化创意产品价值让渡给消费者的过程。

②分销传播。又称传播渠道，是文化创意产业价值链中比较活跃的一环。该环节包括电影、电视的播映机构，报刊、电台、演出经营场所以及网络运营商的分销传播活动，构成创意产业链上的销售、发行通路环节。

③交换消费及售后服务。消费者不断增长的对精神消费、情感体验等高层次的需求是文化创意产业价值链的最终决定环节，是产生创意的催化剂，也是下一价值链循环的起点，消费者对整个价值链条具有反馈和互动的作用。创意产业通过挖掘消费者的需求，形成创意概念，赋予产品观念价值；消费者通过购买和使用过程得到满足，使得整个价值链条得以不断推进。

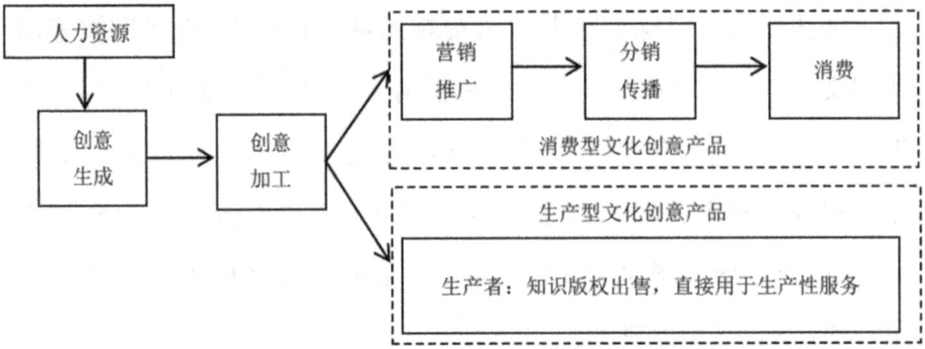

图 5-2　文化创意产业价值链

（2）人力资源创造价值

约翰·霍金斯在 2006 年北京第九届科博会上指出："创意经济的基础是那些使用自己的想象力、梦想和幻想的人"。[①] 在文化创意产业中，人力资源在价值创造中发挥着决定性的作用。只有通过人的作用。才能使内容创意的隐性文化创意转化为显性的文化创意内容，即从无形的、分散的创意点子转化为有形的文化创意产品或系统化的服务，最后通过销售或版权出让等，转化为现金收入，为企业创造财富。文化创意产业中这种对人力资源的重视也决定了其

① 闻育旻. 世界经济大师北京科博会上纷纷建言中国科技发展. http://www.chinanews.com/news/2006/2006－05－24/8/733829.shtml.2017.3.26.

具有较高的吸纳就业的潜力。

人力资源价值创造体现在其价值链的各个环节，可以概括为两个方面。

①起到决定性作用的文化创意产业价值链的内容创意环节。人力资源通过发挥其自身的创造力、技术与天赋，把文化创意概念具体化，整理为书面文件或其他形式的创意成果，该创意成果经过审查，形成知识产权。这种建立在人力资源基础上的知识产权的生成，是文化创意产业获得发展的大前提。一方面用作生产性服务，文化创意企业可以通过向其他企业出售知识产权来获得收益，所获收益的大小取决于知识产权保护制度是否完善、该知识产权的应用前景以及被其他企业所需要的程度。另一方面，内容创意物化为商品在市场上流通；与传统产品不同，文化创意产品利用知识产权将企业自身所生产的产品，在市场中与其他企业的产品区别开来，创造防御性价值；利用现有的知识产权来增强企业制定战略远景目标和实施战略目标的能力，从而增加企业的进攻性价值。

②文化创意产业价值链的产品流通环节。虽然文化创意产业的内容创意环节非常重要，但是如果得不到市场的认可，文化创意产品的价值将得不到实现。流通环节包括营销推广、分销传播、交换消费及售后服务等环节。文化创意企业依靠人力资源来进行市场细分与定位，以及通过销售人员拓宽企业的销售渠道，开拓新的市场，为顾客提供更具高附加值的产品和服务，从而为企业创造价值。

5.2.3　文化创意产业价值链的扩展：促进传统产业升级

从广义上来说，大多数产品都包括功能价值与观念价值两个组成部分。在生产技术相对发达的今天,观念价值的重要性逐渐被突显出来,这部分价值需求的增加,是文化创意产业得以迅速发展的重要原因。文化创意产业所关心的就是如何将创意转化为经济活动,融入传统产品与服务,包括这些产品与服务的制造、商品化、分销以及消费等过程。因此,文化创意产业发展的重要性不仅仅是其作为一个新的经济增长点获得自身增加值的提升,更重要的是它通过与其他产业的关联作用,提升其他产业产品与服务的观念价值,从而增强其市场竞争力。在技术赶超不太理想的今天,文化创意产业的发展为我国产品服务升级提供了新的视角,利用我国丰富的文化资源加以创造渗透,更新产品和服务的设计与策划,开辟新的蓝海战略、品牌战略和营销战略、有利于从中国制造向中国创造转变。

不同状态和性质的创意促进传统产业升级的机制不相同。总体上看,文化创意产品分为三大类:自然科学(科学与技术知识)、社会科学(管理、经济及社会学知识)、文化艺术(美术作品等)。这里,我们可以把文化创意产品分为工艺创意、商业创意和内容创意。文化创意产业可以通过物化的商品交易,还可以通过知识产权的开发,作为契约的对象进行买卖。其多渠道的传播方式使得文化创意产业相对于一般商品来说更加活跃,而影响也更加广泛。总体上,不同类别的创意在生产过程中的作用机理不同。

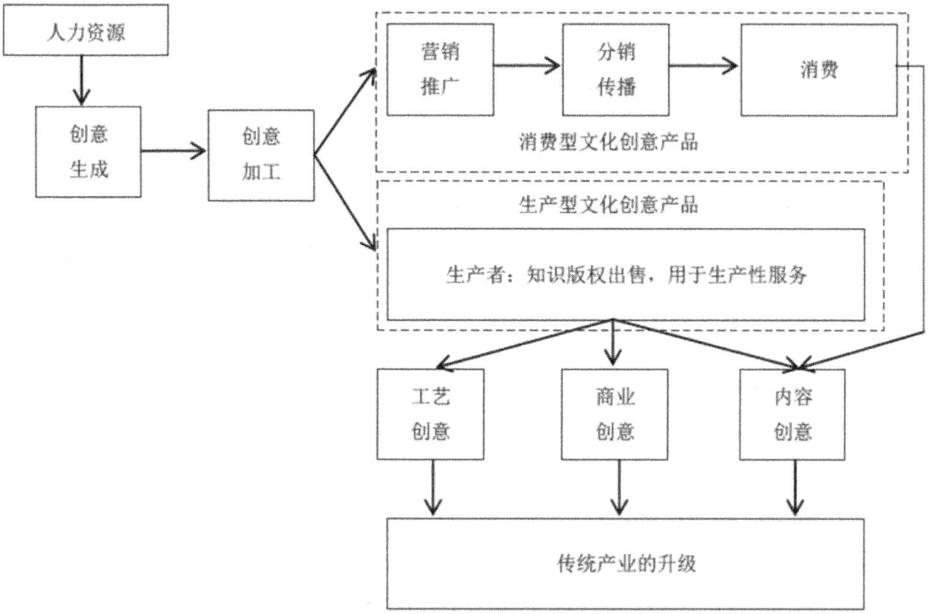

图 5-3　文化创意产业对传统产业的升级

(1)内容创意能提高产品的观念价值

大体来说，人们消费的需要可以分为两大类：物质需求与精神需求。文化创意产品主要满足人们的精神需要，物质产品主要满足人们的物质需要，这两种产品之间的衡量标准是功能价值与观念价值所占的比例，两种产品的价值组成均不是单一的。而且事实上，两者是一个相互依赖、相互渗透的概念。文化创意产品的传播离不开物质，物质产品的形成离不开精神，它们都是精神和物质的统一体。比如一件品牌衣服，它是含有物质成分的文化创意产品；一个做工精细的彩陶器，它是一个含有精神成分的物质产品，除了满足人的使用功能外，还能满足人的精神文化需求。因此，物质产品的功能价值和精神文化价值并不相悖，两种价值共存，产品的使用价值也就更高。

产品的多元属性为内容创意与物质产品的结合提供了条件，内容创意作为观念性文化创意产品，它需要借助相应的物质载体，传播它的价值理念或者美感；同时，内容创意创新了传统产业物质产品的服务内容，提高了物质产品的观念价值。这个过程的实现离不开著作授权，著作授权是内容生产和物质生产两个完全不同的领域结合起来的有效途径，传统产业通过给予内容生产者一定的费用来获取内容创意的使用权。著作授权不但增加了物质产品的吸引力和竞争力，而且增加了内容创意的传播空间和使用功能。这种产权授权对象多见于居家用品、衣物布料等与人们日常生活息息相关的日用品，它们是负载艺术家创造的艺术符号的良好载体。比如动漫公司将公司创作的动漫人物形象用于各种儿童玩具和儿童服装后，深受儿童的喜爱，大大提升了产品的竞争力。特别是在物质产品极为丰富的今天，物质产品中精神内容的作用逐渐抬高，它是企业提供差异化产品的有效手段。

(2)商业创意能够创造商业机会，开拓市场空间

比尔·盖茨如此解释创意："创意具有裂变效应，一盎司创意能够带来无以数计的商业利益、商业奇迹。"[①]文化创意具有较强的流通性，强调创意的外部性，其本质就是把文化思想、知识技能、创造力综合起来，形成的新的产品，新的市场，提供新的服务，创造新的就业机会。更具体地说，传统产业通过与创意融合，有助于开辟新的市场，实行新的商业模式，塑造有特色的品牌等，来提升传统产业产品与服务的综合竞争力。突出的表现在创意能够改进生产的投资和收益，一个好的创意能够使给定的一组投入得到更多或更好的

① 韩顺法. 文化创意产业对国民经济发展的影响及实证研究[D].南京航空航天大学，2010.

回报。

商业创意对生产、流通全过程的关注，与创意的广泛存在性和较强的渗透性不无关系，创意会融入企业运营的各个环节，促成产品价值增值。从企业原始创业到企业扩张的内部创业，完美的创意(投资计划)与风险资本一起见证了企业的形成及扩大再生产。经历创意发现财富阶段后转入创意实现财富阶段，创意开始在生产运营中发挥作用，完美的工作计划、灵活的管理方式以及不断调整而满足消费者需求的产品设计都与创意密不可分。同样，市场营销中出色的创意有助于形成鲜明的企业形象及知名的公司品牌，提高企业的无形资产价值。生产过程中的创意不仅有助于留住客户资源，争取更大利润，而且能够降低生产成本和交易成本，提高生产效率，与其他生产要素结合在一起，构成企业最难以被模仿的竞争优势。管理咨询公司就是以提供商业创意为服务对象的企业，它运用先进的管理方法和理论，针对不同的生产环境，向各种不同的企业制定有效的商业模式和管理模式。

(3)工艺创意是产品功能价值形成与传统产业升级的基础

文化创意产业中，工艺创意主要包括工艺设计、工业设计和技术研发设计三个部分，从知识产权的角度来看，分别指实用专利、外观专利和发明专利。工艺创意是产品功能价值实现的基础，功能价值是消费者购买的基本，如果良好的观念价值也是在产品的基本品质、功能、效用过关的基础上来获得的。工艺创意是以市场为导向，以降低成本、提高经济收益为目标，从新产品、新工艺或新服务的产生，经过研发与试验，商业化生产再到交付消费者的一系列活动总和。工艺创意通过自主创新行为，极大地推动了自主品牌战略实施，其是传统产业升级的一大引擎，是未来传统产业升级的基本保障。技术创新能够改变产品和服务的功能结构，提高产品的使用价值，甚至是提供全新的产品；另外，设计则给产品和服务注入创意元素，为消费者提供与众不同的体验，从而提高产品和服务的精神价值。通过发展文化创意产业能够比较全面地把握技术、知识、设计、品牌等精神因素的应用，有助于传统产业从价值链的低附加值环节向高附加值环节升级。创造就是不断地产生新的观念，通过新的观念替代已有的旧观念来制造差异，被熊彼特称为创造性破坏，并被视为保持经济增长的最关键因素。经济学家罗默(Romer，1986)指出："创意使产品的差异化程度加大，差异化的存在带来垄断，垄断带来高利润，高利润使产品生产的边际报酬递增，最终导致市场的不完全竞争结构。"[①]简而言之，差异化创造了利润。对消费者来说，不完全竞争带来的市场效率损失换取的是多样化和多功能消费体验。

5.3 文化创意产业对产业结构影响的实证研究

本章节运用投入产出法，对文化创意产业与传统三次产业以及各行业的产业关联效应进行实证研究。投入产出法是美国经济学家列昂惕夫(1936)在一般均衡理论的基础上提出的，对复杂经济体系中各部门之间的相互依存关系经过数量化，通过运用投入产出表对经济问题进行定量分析的方法。[②] 本章节以北京市 2012 年投入

① Romer, Paul M. Increasing Returnsand Long－run Growth [J]. Journal of Political Economy, 1986(94).

② 孟彦菊. 投入产出模型扩展研究[D].西南财经大学，2009.

产出表作为实证数据，利用投入产出表反映了社会再生产过程中各部门之间的技术经济联系的特性，通过一系列的系数值反映产业之间的关联关系。

5.3.1　文化创意产业数据的说明及调整

根据《北京市文化创意产业分类标准》与《国民经济行业分类》(GB/T 4754—2002)中的分类依据，以及 2012 年投入产出表中的部分划分标准，选择信息传输、计算机服务和软件业，研究与试验发展业，综合技术服务业，文化、体育和娱乐业作为北京市文化创意产业，根据国民经济相关行业分类划分标准，上述部门分别涵盖了《北京市文化创意产业分类标准》中的"软件、网络及计算机服务"、"设计服务"、"辅助服务"、"文化艺术"、"新闻出版"、"广播、电视、电影"、"旅游、休闲娱乐"。在 2009 年与 2012 年，上述行业实现的增加值占北京文化创意产业的比重分别达到了 91.3%与 90%。另外，2006 年 12 月 13 日，北京市统计局新闻发言人发表认为，软件、网络及计算机服务，新闻出版，广播影视和设计服务已经成为北京市文化创意产业的四大主体行业。① 所以，无论是从增加值的比重，还是产业的代表性，本研究认为所选部门能够较好地反映北京文化创意产业的发展状况。所以，在利用投入产出表进行分析时，将这四个部门的产业价值合并为文化创意产业。

① 陈洁民，尹秀艳．北京文化创意产业发展现状分析[J]．北京城市学院学报，2009，(04)：9—19.

表 5-1　调整后的四类产业投入产出表

<table>
<tr><td rowspan="3" colspan="2"></td><td colspan="5">中间使用</td><td colspan="9">最终使用</td><td rowspan="3">进口</td><td rowspan="3">总出口</td></tr>
<tr><td colspan="5"></td><td colspan="3">最终消费</td><td colspan="3">资本形成总额</td><td colspan="3"></td></tr>
<tr><td>第一产业</td><td>第二产业</td><td>第三产业</td><td>文化创意产业</td><td>中间使用合计</td><td>居民消费</td><td>政府消费</td><td>最终消费合计</td><td>固定资本形成</td><td>存货</td><td>合计</td><td>调出</td><td>出口</td><td>最终使用合计</td></tr>
<tr><td rowspan="5">中间投入</td><td>第一产业</td><td rowspan="5" colspan="5">X_{ij}</td><td rowspan="5" colspan="10">X_i</td><td rowspan="5">Y_i</td></tr>
<tr><td>第二产业</td></tr>
<tr><td>第三产业</td></tr>
<tr><td>文化创意产业</td></tr>
<tr><td>中间投入合计</td></tr>
<tr><td rowspan="5">增加值</td><td>固定资本折旧</td><td rowspan="5" colspan="5">Z_j</td><td rowspan="5" colspan="11"></td></tr>
<tr><td>劳动者报酬</td></tr>
<tr><td>生产税净额</td></tr>
<tr><td>营业盈余</td></tr>
<tr><td>增加值合计</td></tr>
<tr><td colspan="2">总投入</td><td colspan="5">X_j</td><td colspan="11"></td></tr>
</table>

在上述产业归类的基础上，对投入产出表进行适当的结构调整。为了从不同的维度来分别研究文化创意产业对三次产业以及各行业的投入产出关系，根据投入产出表的恒等属性的特点，确定两套结构调整方案。方案一，产业层面的 4×4 投入产出表。将第一、第二产业内部各行业相加，合并成为调整后投入产出表的第一、第二产业，第三产业除文化创意产业外的各行业相加合并成为第三产业，文化创意产业作为一个单独的产业。方案二，行业层面的 39×39 投入产出

表。将文化创意产业作为一个新的行业，与其他 38 个部门形成新表，以分析文化创意行业对其他行业的产业关联情况。

本研究主要采用投入产出表的相关系数，如直接消耗系数、直接分配系数、中间需求率和中间投入率、感应度系数和影响力系数，对文化创意产业与其他产业的前后向产业关联、产业投入需求特征以及文化创意产业的涉及效应进行分析。

5.3.2　文化创意产业的前向关联分析

前向关联是指某产业通过提供供给与其他产业部门发生的关联。文化创意产业与其他产业的前向关联用直接分配系数来衡量，表示文化创意产业对另一产业的产出结构的影响作用。文化创意产业对传统部门的直接分配系数，是指文化创意产业部门提供的产品或服务(包括进口和调入)，被各部门中间使用的比例。

$$a_{ji}=\frac{x_{ji}}{X_i}(i,j=1,2,\cdots\cdots,n)$$

公式中：x_{ij} 为第 i 产业对第 j 投入量，X_j 为第 i 产业的总产出。

根据 2012 年北京市投入产出延长表，文化创意产业的直接分配系数计算结果如表 5-2、表 5-3 所示。

表 5-2　文化创意产业对三次产业的直接分配系数

产业	直接分配系数
第一产业	0.002481
第二产业	0.052612
第三产业	0.122819
文化创意产业	0.140203

表 5-3 文化创意产业对传统产业的直接分配系数

行业	直接分配系数	行业
文化创意产业	0.140203	卫生、社会保障和社会福利业
租赁和商务服务业	0.038401	煤炭开采和洗选业
批发和零售业	0.029750	仪器仪表及文化办公用机械制造业
建筑业	0.021288	非金属矿物制品业
金融业	0.021071	燃气生产和供应业
电力、热力的生产和供应业	0.008567	金属制品业
公共管理和社会组织	0.007976	邮政业
房地产业	0.006854	造纸印刷及文教体育用品制造业
交通运输设备制造业	0.005089	水的生产和供应业
教育	0.004662	金属冶炼及压延加工业
交通运输及仓储业	0.004194	金属矿采选业
住宿和餐饮业	0.004152	工艺品及其他制造业
化学工业	0.003002	纺织服装鞋帽皮革羽绒及其制品业
通用、专用设备制造业	0.002970	木材加工及家具制造业
农林牧渔业	0.002481	石油和天然气开采业
通信设备、计算机及其他电子设备制造业	0.002235	石油加工、炼焦及核燃料加工业
电气机械及器材制造业	0.002168	纺织业
水利、环境和公共设施管理业	0.002099	废品废料

续表

行业	直接分配系数	行业
居民服务和其他服务业	0.001818	非金属矿及其他矿采选业
食品制造及烟草加工业	0.001804	

前向关联分析反映的是文化创意产业对其他产业的投入状况。文化创意产业是提供文化、知识产品并受知识产权制度保护的行业，除一部分文化艺术产品直接满足人们的精神文化需求外，还有一部分技术、知识为各行各业提供技术服务和智力支持，是很多产业的中间投入行业。通过直接分配系数可以知道创意产品和服务的流向及比重，从而了解文化创意产业的发展受其他产业的影响和制约程度。

根据表5.2的数据，文化创意产业对三次产业以及其自身的直接分配系数分别为0.002481、0.052612、0.122819、0.140203，这表明文化创意产业的总产出中，用于地区三次产业的生产服务投入的比例分别为其总产出的0.25%、5.26%、12.28%和14.02%，一共占其总产出的31.81%。

从行业上的数据来看，第三产业对文化创意产业的需求比第二产业要多，这跟北京以服务经济为主导有关。第三产业中，文化创意产业对自身的分配系数最高，为0.140203。除对本身的分配，对其他行业的投入的排名前十名，第三产业占了七名，包括租赁和商务服务业（0.038401）、批发和零售业（0.029750）、金融业（0.021071）、公共管理和社会组织（0.007976）、房地产业（0.006854）、教育（0.004662）、交通运输及仓储业（0.004194）；投入较少的部门有住宿和餐饮业、水利、环境和公共设施管理业、居民服务和其他服务业、卫生、社会保障和社会福利业、邮政业，即使如此，除邮政外，各行业对文化创意产业的投入都在20名之前，直接分配系数相比于其他行业仍然比较高，分别达到0.004152、0.002099、0.001818、0.001455。因此，第三产业中各行业对文化创意产业的需求均保持在一个较高的关联水平之外，大力发展文化创意产业是加快第三产业发展和产业结构升级的有效途径。

在第二产业中，北京市文化创意产业对其投入最多的行业是建筑业(0.021288)，电力、热力的生产与供应业(0.008567)，交通运输设备制造业(0.005089)，化学工业(0.003002)，通用、专用设备制造业(0.002970)，通信设备、计算机及其他电子设备制造业(0.002235)，电气机械及器材制造业(0.002168)，食品制造及烟草加工业(0.001804)，均在20名之前，关联程度较高的主要是知识密集型工业，文化创意产业主要通过设计、计算机服务及软件服务对其进行投入。而与以上行业相比，传统能源、资源、废料等基础加工行业对文化创意产业的需求较低。从第二产业的整体情况来看，与文化创意产业的关联程度较低，这与我国制造行业普遍处于产业链的低端有关，但是一些知识密集型的工业则呈现出较好的势头，大力发展文化创意产业对我国制造业转型有重要的帮助。

5.3.3　文化创意产业的后向关联分析

后向关联是指某产业通过需求吸收与其他产业部门发生的关联。文化创意产业对其他产业的后向关联可以通过直接消耗系数来反映。直接消耗系数，也称为投入系数，是指在生产经营过程中，某产业单位总产出所直接消耗其他产业的各种中间投入的数量。

$$a_{ij}=\frac{x_{ij}}{X_j}(i,j=1,2,\cdots\cdots,n)$$

公式中：x_{ij} 为第 j 产业对第 i 产业的消耗量；X_j 为第 j 产业的总投入。

根据 2012 年北京市投入产出表，文化创意产业的直接消耗系数计算结果如表 5-4、表 5-5 所示。

表 5-4　文化创意产业对三次产业的直接消耗系数

产业	直接分配系数
第一产业	0.002344
第二产业	0.327241
第三产业	0.213062
文化创意产业	0.140203

表 5-5　文化创意产业对各行业的直接消耗系数

行业	直接消耗系数	行业	直接消耗系数
文化创意产业	0.140203	交通运输设备制造业	0.003146
通信设备、计算机及其他电子设备制造业	0.137058	居民服务和其他服务业	0.002736
批发和零售业	0.082158	农林牧渔业	0.002344
交通运输及仓储业	0.048085	食品制造及烟草加工业	0.001412
建筑业	0.036012	纺织服装鞋帽皮革羽绒及其制品业	0.000919
租赁和商务服务业	0.034726	工艺品及其他制造业	0.000910
通用、专用设备制造业	0.030255	邮政业	0.000832
电气机械及器材制造业	0.022581	纺织业	0.000680
化学工业	0.019380	木材加工及家具制造业	0.000626

续表

行业	直接消耗系数	行业	直接消耗系数
住宿和餐饮业	0.018398	水的生产和供应业	0.000444
造纸印刷及文教体育用品制造业	0.017917	水利、环境和公共设施管理业	0.000428
金属制品业	0.017297	燃气生产和供应业	0.000276
仪器仪表及文化办公用机械制造业	0.016253	金属冶炼及压延加工业	0.000218
电力、热力的生产和供应业	0.014394	非金属矿及其他矿采选业	0.000191
金融业	0.010545	卫生、社会保障和社会福利业	0.000015
公共管理和社会组织	0.006618	煤炭开采和洗选业	0.000000
教育	0.004731	石油和天然气开采业	0.000000
石油加工、炼焦及核燃料加工业	0.003920	金属矿采选业	0.000000
房地产业	0.003792	废品废料	0.000000
非金属矿物制品业	0.003352		

后向关联分析反映的是其他产业对文化创意产业的投入状况。任何一个产业在生产运行过程中都会因直接消耗各种生产资料而与其他产业产生联系。就文化创意产业来说，它的发展同样离不开众多产业的投入和支持，由此间接带动了为其投入行业的发展。

根据表5-4的数据，文化创意产业对三次产业以及其自身的直接消耗系数分别为0.002344、0.327241、0.213062、0.140203，这表明文化创意产业的总产出中，用于地区三次产业的生产服务投入的比例分别为其总产出的0.23％、32.72％、21.30％和14.02％。这说明文化创意产业的投入主要来自于第二产业，占总投入的32.72％；文化创意产业对第三产业的投入需求占21.30％，高于自身的14.02％；而第三产业的直接消耗很小，仅为0.23％，几乎可以忽略不计。

从行业细分的角度来看，据表 5-5 所示，除了文化创意产业本身(0.140203)之外，对其投入比率最高的是第二行业的通信设备、计算机及其他电子设备制造业(0.137058)。这表明，文化创意产业对信息设备投入的需求很高，文化创意产业本来就是信息化达到一定水平后的产物。其次的是建筑业(0.036012)，通用、专用设备制造业(0.030255)，电气机械及器材制造业(0.022581)，化学工业(0.019380)，造纸印刷及文教体育用品制造业(0.017917)，金属制品业(0.017297)，仪器仪表及文化办公用机械制造业(0.016253)，电力、热力的生产和供应业(0.014394)，可以看出，文化创意产业对以电子通讯设备为主的需求十分显著，说明了文化创意产业对信息化的高度依赖，另外以建筑业为首的一些工具性生产材料，也是文化创意产业的重要物资基础。除此之外，文化创意产业对一些资源型行业如金属矿采选业、石油和天然气开采业、非金属矿采选业的需求不大。

在第三产业中，对文化创意产业投入较高的行业有批发和零售业(0.082158)、交通运输及仓储业(0.048085)、租赁和商务服务业(0.034726)、住宿和餐饮业(0.018398)、金融业(0.010545)、公共管理和社会组织(0.006618)、教育(0.004731)。其中以批发和零售业、交通运输及仓储业为代表的流通型中间服务对文化创意产业的投入最大；文化创意产业的高风险性使得风险投资机构等金融服务业对其支持非常重要；在公共管理和社会组织方面，政府对文化创意产业的重视和投入，以及在教育方面人才的输送，与文化创意产业作为一个具有较强政策导向的以及以个人创造力为主要生活力的新兴行业有关。

5.3.4　文化创意产业的中间需求和中间投入分析

中间需求率反映的是所生产的产品被用于生产服务而不是最终消费的比例，反映的是一个部门产业的产品是否具有中间产品的性质。而中间投入率反映了在生产单位产值的产品中从其他产业购进原料价值所占的比重，亦反映了该产业对其上游产业总体的、直接的带动能力。

中间需求率指国民经济各产业对第 i 产业产品的中间需求量（中间使用）与第 i 产业产品的总需求量（中间需求量＋最终需求量）的比值。中间投入率指国民经济中第 j 产业的中间投入与总投入（中间投入＋增加值）的比值。

$$h_i = \frac{\sum_{j=1}^{n} x_{ij}}{\sum_{j=1}^{n} x_{ij} + Y_i} (i, = 1, 2, \cdots\cdots, n)$$

$$h_j = \frac{\sum_{i=1}^{n} x_{ij}}{\sum_{i=1}^{n} x_{ij} + Z_i} (j, = 1, 2, \cdots\cdots, n)$$

公式中：$\sum_{j=1}^{n} x_{ij}$、Y_i 分别为各产业对第 i 产业产品的中间需求量和最终需求量。$\sum_{i=1}^{n} x_{ij}$、Z_i 分别为国民经济中第 j 产业的中间投入和增加值。

根据钱纳里等经济学家的产业划分方法与产业经济学的相关理论。按照中间需求率与中间投入率的不同组合，把产业部门划分为四类不同产业。

表 5-6　文化创意产业对各行业的直接消耗系数

	中间需求率＜50％	中间需求率＞50％
中间投入率＜50％	最终需求型基础产业	中间产品型基础产业
中间投入率＞50％	最终需求型产业	中间产品型产业

其中，中间产品型产业的中间需求率与中间投入率都较大，对上下游产业有较强的带动作用，可作为经济发展的经济增长点。中间产品型基础产业的发展在较大程度上制约着其他产业的需求，但其拉动作用较弱。最终需求型产业和最终需求型基础产业均主要面向消费者，区别在于对其他产业的拉动程度不同。

根据 2012 年北京市投入产出表，文化创意产业的中间需求系数与中间投入系数计算结果如表 5.7 所示。

表 5-7　文化创意产业的中间投入情况

	第一产业	第二产业	第三产业	文化创意产业
中间投入	0.620877	0.807036	0.592646	0.682850
劳动者报酬	0.260594	0.074773	0.201816	0.192018
生产税净额	0.002927	0.043797	0.060326	0.028496
固定资产折旧	0.064234	0.029231	0.052967	0.042952
营业盈余	0.051369	0.045163	0.092246	0.053684
增加值合计	0.379123	0.192964	0.407354	0.317150
总投入	1.000000	1.000000	1.000000	1.000000

中间投入率反映了生产单位产值的产品从其他产业购进原料价值的比重，反映产业对上游产业的直接带动能力。据表 5-7 所示，从传统三次产业来看，第二产业的中间投入率最高，行业平均拉动能力最大；然后，从劳动者报酬这个指标来看，远远落后于其他产

业，这与我国制造业粗放式发展，与低廉的人力成本有关，附加值过低制约着行业的长远发展。

表中发现，文化创意产业的增加值比例偏低，这似乎违背文化创意产业的高附加值特性，然后，对文化创意产业内部目前市场化程度较高的信息传输、计算机服务软件业与文化体育娱乐业进行中间投入分析（见表5-8），发现文化创意产业的主体行业——信息传输、计算机服务软件业与文化体育娱乐业还是具有较高的附加值的，整体水平偏低与目前研发活动市场化、产业化程度低，研发产品参与市场交易少有关，加强产学研合作是文化创意产业今后发展的关键。

表5-8　信息传输、计算机服务软件业与文化体育娱乐业的中间投入情况

	信息传输、计算机服务软件业	文化体育娱乐业
中间投入	0.595058	0.608323
劳动者报酬	0.217200	0.265124
生产税净额	0.028741	0.047321
固定资产折旧	0.066102	0.047720
营业盈余	0.092899	0.031512
增加值合计	0.404942	0.391677
总投入	1.000000	1.000000

中间需求率反映各产业部门的产品用作生产资料与消费资料的比例，从而把握产业部门在国民经济中的地位与作用。据表5-9所示，第二产业的中间需求率最高，达到了75.45％，其次是第三产业67.20％，其次是文化创意产业53.％。这说明北京市除第一产业

以外，第二产业以及第三产业都是以生产性服务为主。从现阶段来说，文化创意产业的中间使用率还不高，但是可以看出文化创意产业产品与传统的文化产品不同，它更多的是一种生产性服务业，为第二、第三产业的发展提供生产性服务。另外，从出口率这个指标来看，文化创意产业具有其他产业无可比拟的优势，出口量与本地总使用的比例达到了 78.50%，远远高于第二产业的 46.90%与第三产业的 33.02%。文化创意产业的高出口率，除了能给地区增加收入，还能在文化创意产品的传播过程中间接地提升城市形象，对地区其他产品的贸易起到全方位的带动作用。

表 5-9　文化创意产业的中间需求情况

	第一产业	第二产业	第三产业	文化创意产业
中间使用	0.399440	0.754523	0.672064	0.530641
最终消费	0.523370	0.078428	0.252394	0.245634
资本形成	0.077190	0.167050	0.075543	0.223725
总使用	1.000000	1.000000	1.000000	1.000000
出口	0.077977	0.469092	0.330158	0.785086
进口	0.633579	0.654082	0.254299	0.117006

5.3.5　文化创意产业的波及效应分析

感应度表示国民经济各部门都增加一单位最终需求时，某一部门由此受到的需求感应程度，即该部门需要提供的生产量。感应度为里昂惕夫逆矩阵的行之和，计算公式为：

$$\sum_{j=1}^{n} b_{ij} (i, =1,2,\cdots\cdots,n)$$

感应度系数是指该部门感应程度与平均水平的比值。感应度系数和影响力系数的大小可以看成某产业能否作为先导产业加以发展的一个依据。感应度系数大于(小于或等于)1,表示该部门受其他部门最终需求的影响程度要大于(小于或等于)总体的平均水平。感应度系数计算公式:

$$E_i=\frac{\sum_{j=1}^{n} b_{ij}}{\frac{1}{n}\sum_{i=1}^{n}\sum_{j=1}^{n} b_{ij}}(i,j=1,2,\cdots\cdots,n)$$

b_{ij} 是里昂惕夫逆系数,计算公式为 $(I-A)^{-1}$,该矩阵称为里昂惕夫逆矩阵,b_{ij} 表示第 j 部门的完全需要量。如果某一部门提供给其他部门的中间使用越多,那么其感应度越大,反映的是该部门对其他部门的支撑作用,即产业部门的向前关联度。

影响力表示某一产业部门增加一单位最终需求,对各部门产出相应增加值的加总。影响力为里昂惕夫逆矩阵的列之和,计算公式为:

$$\sum_{i=1}^{n} b_{ij}(j,=1,2,\cdots\cdots,n)$$

影响力系数反映某产业对国民经济发展的推动能力。影响力系数是指某产业的生产发生变化时引起其他产业的生产发生相应变化的程度。

$$F_i=\frac{\sum_{i=1}^{n} b_{ij}}{\frac{1}{n}\sum_{i=1}^{n}\sum_{j=1}^{n} b_{ij}}(i,j,=1,2,\cdots\cdots,n)$$

如果某一部门需要其他部门的中间投入越多,那么其影响力越大,反映的是该部门对其他部门的需求程度,即产业部门的向后关联度。文化创意产业的影响力与影响力系数、感应度与感应度系数计算结果如表 5-10 所示。

根据表 5-10 的结果分析，北京市 2012 年投入产出表中所反映的 39 个产业部门中，文化创意产业的感应度排名第 9(5.400523 、1.443867)，这说明国民经济各部门增加 1 单位最终需求时，文化创意产业将会增加 5.400523 单位的产出，是社会平均水平的 1.443867 倍。在所有产业中，感应度排名前 5 的有交通运输及仓储业(16.073447、4.297348)，电力、热力的生产和供应业(11.616225 、3.105678)，批发和零售业(11.073798、2.960657)，租赁和商务服务业(7.217916 、1.929760)，通信设备、计算机及其他电子设备制造业(6.361724 、1.700851)。感应度的大小与产业对各行业的渗透程度关联，可以推断文化创意产业对国民经济各部门有较高的渗透性。

据表 5-11 的结果分析，各产业部门的影响力较为平均，资源性产业的影响力系数要高于其他产业，表现各产业部门对这些产业的中间需求较多，对其有着较强的依赖性。文化创意产业的影响力在 39 部门中排名第 26(3.590040、0.959822)，这说明文化创意产业增加一单位的最终需求，通过直接与间接关联对各经济部门所要求的生产量加总为 3.590040，是社会平均水平的 0.959822 倍。低于第二产业的平均水平(4.071734、1.085467)，但高于第三产业的平均水平(3.131680、0.837276)，说明其他各生产部门对于文化创意产业还是具有较高的中间需求，是相关产业部门获取发展比较重要的基础投入。

表 5-10　文化创意产业的感应度和感应度系数

产业部门	感应度	感应度系数	排名
农业	2.086729	0.557902	26
第二产业平均	3.489820	0.933028	/
煤炭开采和洗选业	4.930117	1.318101	12
石油和天然气开采业	4.013131	1.072938	13
金属矿采选业	5.095470	1.362309	10
非金属矿及其他矿采选业	1.846520	0.493680	28
食品制造及烟草加工业	2.182726	0.583567	24
纺织业	2.911572	0.778429	16
纺织服装鞋帽皮革羽绒及其制品业	1.462076	0.390896	33
木材加工及家具制造业	1.571691	0.420202	31
造纸印刷及文教体育用品制造业	2.407628	0.643696	19
石油加工、炼焦及核燃料加工业	5.708331	1.526162	7
化学工业	5.759033	1.539717	6
非金属矿物制品业	2.161155	0.577800	25
金属冶炼及压延加工业	5.601172	1.497512	8
金属制品业	2.430984	0.649941	18
通用、专用设备制造业	2.396895	0.640827	20
交通运输设备制造业	5.092354	1.361476	11
电气机械及器材制造业	3.095945	0.827722	15
通信设备、计算机及其他电子设备制造业	6.361724	1.700851	5
仪器仪表及文化办公用机械制造业	1.678827	0.448846	29
工艺品及其他制造业	1.311555	0.350653	36
废品废料	2.240969	0.599139	22

续表

产业部门	感应度	感应度系数	排名
电力、热力的生产和供应业	11.616225	3.105678	2
燃气生产和供应业	2.043528	0.546351	27
水的生产和供应业	1.094647	0.292661	37
建筑业	2.231236	0.596536	23
第三产业平均	4.261637	1.139378	/
交通运输及仓储业	16.073447	4.297348	1
邮政业	1.077380	0.288045	38
批发和零售业	11.073798	2.960657	3
住宿和餐饮业	2.512280	0.671676	17
金融业	3.901788	1.043170	14
房地产业	1.631928	0.436307	30
租赁和商务服务业	7.217916	1.929760	4
水利、环境和公共设施管理业	1.360898	0.363845	35
居民服务和其他服务业	1.453279	0.388544	34
教育	1.468774	0.392687	32
卫生、社会保障和社会福利业	1.015495	0.271500	39
公共管理和社会组织	2.352660	0.629000	21
文化创意产业	5.400523	1.443867	9

表5-11　文化创意产业的影响力和影响力系数

产业部门	影响力	影响力系数	排名
农业	3.232819	0.856175	32
第二产业平均	4.071734	1.085467	/
煤炭开采和洗选业	4.739050	1.263817	2
石油和天然气开采业	2.867270	0.765220	34

续表

产业部门	影响力	影响力系数	排名
金属矿采选业	4.452112	1.187435	6
非金属矿及其他矿采选业	3.844743	1.026289	16
食品制造及烟草加工业	3.749737	0.998292	20
纺织业	3.740654	0.998081	21
纺织服装鞋帽皮革羽绒及其制品业	3.623287	0.967402	24
木材加工及家具制造业	4.104493	1.095190	13
造纸印刷及文教体育用品制造业	3.400704	0.906508	30
石油加工、炼焦及核燃料加工业	3.507775	0.936559	27
化学工业	3.734086	0.995236	22
非金属矿物制品业	4.054773	1.081387	14
金属冶炼及压延加工业	5.125437	1.367387	1
金属制品业	4.530743	1.208554	4
通用、专用设备制造业	3.976622	1.060270	15
交通运输设备制造业	4.320450	1.150931	8
电气机械及器材制造业	4.157335	1.107614	12
通信设备、计算机及其他电子设备制造业	4.626179	1.234130	3
仪器仪表及文化办公用机械制造业	3.756286	1.001261	18
工艺品及其他制造业	4.295454	1.145959	9
废品废料	4.508879	1.201994	5
电力、热力的生产和供应业	4.392965	1.167502	7
燃气生产和供应业	3.745150	1.000181	19
水的生产和供应业	4.266885	1.133945	11
建筑业	4.272280	1.135540	10

续表

产业部门	影响力	影响力系数	排名
第三产业平均	3.131680	0.837276	/
交通运输及仓储业	3.745218	1.001310	17
邮政业	2.714213	0.725664	36
批发和零售业	2.761787	0.738383	35
住宿和餐饮业	3.496919	0.934926	28
金融业	2.536566	0.678168	38
房地产业	2.558499	0.684032	37
租赁和商务服务业	3.679478	0.983734	23
水利、环境和公共设施管理业	3.610007	0.965160	25
居民服务和其他服务业	3.130972	0.837087	33
教育	2.483443	0.663966	39
卫生、社会保障和社会福利业	3.488706	0.932730	29
公共管理和社会组织	3.374349	0.902156	31
文化创意产业	3.590040	0.959822	26

5.4　结论与启示

本章先对文化创意产业与产业结构的关联关系进行了定性分析，得出文化创意产业通过产业链的前向关联、后向关联以及旁侧关联促进产业链的延伸以及使产业链变得更加紧凑；接着从产业融合的角度，分析文化创意产业与三次产业的融合途径；然后从微观的角度入手，对文化创意产业的价值构成进行了剖析，其通过观念价值的提升，以满足人们日益增长的文化精神消费需求，并通过附着于物质产品上更高的精神价值提升产品的附加价值与产品竞争力。在文化创意产业的价值链中，人力资源起到了决定性的作用，通过人力资源的工艺创意、商业创意、内容创意，文化创意产业的发展对传统产业有着显著的升级作用，文化创意产业分别通过上述三种创意模型从产品功能、商业模式、观念价值等全方面地提升传统产业的综合竞争力。实证部分运用投入产出分析方法对北京市文化创意产业的产业关联效应做了详细的实证分析，分析结论主要有以下几点。

①通过文化创意产业对其他产业的前后向关联分析，文化创意产业与第二产业、第三产业的关联性较强。文化创意产业与第二产业的直接消耗系数最高，这说明文化创意产业对第二产业的依赖程度较高，其直接分配系数较仅次于第三产业，说明现阶段文化创意产业对第二产业有显著的促进作用，但是仍有待进一步提高。对于第三产业，文化创意产业对其直接消耗系数仅次于第二产业，而直接分配系数最高，文化创意产业的发展对于北京市第三产业的发展有着较高的贡献度。文化创意产业对于第一产业的支持很弱，说明北京农业的现代化水平有待进一步提高。

②通过中间需求分析发现，文化创意产业部门与传统的文化部门不同，除了满足人们的精神文化需求之外，还表现出明显的中间产品型产业属性，能为其他生产企业提供生产性服务。另外，目前北京市文化创意产业中，相比于信息传输、计算机服务软件业与文化体育娱乐业，在研发试验与综合技术服务的增加值较低，市场化、产业化水平还相对较低，加强产学研合作是提升文化创意产业整体水平的关键。同时文化创意产业的出口量遥遥领先于三次产业，文化创意产业的高出口率，除了能给地区增加收入，还能在文化创意

产品的传播过程中间接地提升城市形象，对地区其他产品的贸易起到全方位的带动作用。

③文化创意产业在国民经济中的逆向波及效应和顺向波及效应都比较明显。其中文化创意产业受到国民经济发展的拉动作用较为明显。随着经济的发展，文化创意产业具有较好的发展势头，成为新的经济增长点，政府应将文化创意产业作为支柱产业来扶持。另外，文化创意产业的影响力大于第三产业的平均水平，说明文化创意产业对各部门的生产服务有着显著的推动力，文化创意产业的成果有利于提高相关产业的竞争力。

第6章 文化创意产业对就业增长的影响

6.1 问题的提出

就业增长是经济增长质量中的一个重要指标。就业增长与经济增长的关系在20世纪20年代中期开始被广泛关注。美国著名经济学家阿瑟·奥肯(1962)测算出美国的实际国民生产总值增长率与失业率之间的关系规则,提出了著名的“奥肯定律”(Okun's Law)。[①] 该定律认为经济增长率与失业率呈反向变化关系,当经济高速增长,失业率下降;反之,低增长率往往伴随着高失业率。奥肯对美国失业率和经济增长率之间的关系进行实证数量分析,分析中发现经济增长与失业率之间存在着较强的协整关系,当经济增长率高于2.25时能使失业率下降,经济增长率每增加一个百分点,失业率就会下降0.25个百分点;当经济增长率低于2.25%时,经济增长

---

① 方福前,孙永君.奥肯定律在我国的适用性检验[J].经济学动态,2010,(12):20—25.

率每减少一个百分点，失业率就会上升0.25个百分点。奥肯的实证结果表明经济增长对就业增长存在着拉动作用。虽然不同国家或地区经济增长率与低失业率之间的数量变动关系有所区别，但奥肯定律所提及的这种“反向变动关系”已为许多国家与地区的经济实践所反复验证，特别是在市场经济环境下，该效应尤其显著。

改革开放以来，中国经济一直保持着较快速度的增长，经济增长在创造财富的同时，也显著发挥其就业效应。但是进入新世纪以来，经济持续增长的就业增长效应变得不相协调，似乎“奥肯定律”目前在中国经济阶段产生了悖论。①②③ 新世纪以来，我国经济增长的就业弹性迅速减弱，经济增长对就业的拉动作用逐渐减弱，甚至出现了无就业增长，这与我国的产业结构配置有关。目前我国第二产业的比重仍然过大，即使是一些第三产业为主的地区，其第三产业仍存在低水平的内部结构，导致整体的就业弹性低下，对劳动力的拉动效应不高。

由此可见，要实现就业增长，就应充分提高经济增长的就业弹性系数，而这有赖于各产业的就业弹性系数。在目前的各个产业中，其就业可能是正面拉动，也可能是负面消极的，对各个产业的就业弹性、就业空间以及对其他产业的波级效应所引发的间接就业进行评估，有助于遴选出高就业带动作用的产业作为重点产业来发

① 李子阳.奥肯定律在中国的适用性检验[J].现代营销(下旬刊)，2016,(09):11.

② 许平祥.美国经济“二元化”与“奥肯定律”的困局[J].经济科学，2011,(05):26—42.

③ 熊心悦.奥肯定律在中国失效问题的实证研究[J].中国城市经济，2011,(17):202+204.

展，有助于解决我国目前就业增长与经济增长失衡的问题。文化创意产业作为新兴产业，其就业弹性等各方面指标的认识还不够，本章通过对文化创意产业就业效应的定量分析，来深入了解发展文化创意产业对增加社会就业的影响。

6.2 文化创意产业相关就业理论

6.2.1 业务外包理论

现代企业业务外包行为是指目前企业为了降低运营成本，提高运营效率，将一些非核心的、辅助性的功能或业务交给企业外部的专业服务机构，使其自身能够专注于核心功能与业务，同时利用专业机构的知识积累与专长优势，转化成自身产品与服务的竞争优势，来提高企业的整体效率和竞争力。特别是目前跨国企业的发展中，随着规模的不断扩大，空间上的不断扩展，利用业务外包，使得其企业的运营更加轻巧与灵活，以充分发挥自身核心竞争力和增强企业对环境的迅速适应力。

波特把现代企业的生产流程分为上、中、下游三个环节：产品研发、采购管理等为上游环节，加工生产为中游环节，市场营销和品牌传播为下游环节。根据“微笑曲线”中对文化创意产业的解读，三个环节中，随着现代生产活动的发展，上游与中游均需要大量的消费文化创意产品，如上游的设计服务，以及下游的市场营销、品牌推广等。文化创意产业的这种中间需求从企业活动来看，就是企业的外包业务。

现在企业的外包行为主要有以下几个主要原因：第一是随着技术进步、生产专业化程度的加深，以及产业组织的复杂化，导致企业内部某些服务活动专业化程度提高;而受企业内部的专业化部门发展所限,对第三方专业化服务的需求增强,第三方服务在这样的环境下不断壮大,并逐渐地扩大其服务的范围。第二是企业降低管理成本,提高生产效率与改进服务质量的需要。企业需要把精神放在其核心竞争力的建立上,而一些附加价值比较低或自身专业化水平不高的方面,如加工制造、广告设计等活动,则交给专业服务公司去做,专业化的分工配合组织形式使得现代企业生产迅猛发展。第三是在竞争和创新压力下,迫使企业从外部获取新的技术、信息与创意,如咨询服务业为企业提供模式、工作流程上的优化方案以改善其运营状况,在这样的需求下对知识技术密集性服务业的市场需求就大大增长。由于文化创意产业广泛的渗透性,随着创意经济的发展,传统产业对文化创意的需求将出现爆发性增长。

业务外包的发展是社会分工不断细化与专业化的结果,反映了现代企业依据比较优势原理,在生产活动中对主要价值增值环节的选择与把握。文化创意产业作为现代企业产品价值增值的主要源泉。在生产的上中下游阶段都有对专门服务的需求:在上游阶段,要投入的专门服务有工艺设计、工业设计、可行性研究、市场研究等;在生产的下游阶段,需要广告、营销等。近年来,文化创意产业的服务提供了产品增加总值中越来越大的部分。越来越多的企业意识到文化创意要素在产品竞争力提升中的作用,并不比高新科技的作用来得弱,利用独特的产品文化,与竞争对手差异化非价格竞争,保证其竞争力与利润水平。欧美国家在近十年中,在科技含量的基础上意识到文化创意对企业的重要作用,作为生产性服务业重要组成部分的文化创意产业得到了快速发展,而文化创意产业的主要生产资源就是人力资源，由于其较强的就业弹性，就业效应得到明显的反映，已经发展为如英国、美国等发达国家的主要劳动力吸收行业。所以说外包是文化创意产业就业增长的一个重要原因。

6.2.2　产业波及理论

产业波及理论是指某一产业在技术与产值变化时，对经济系统内其他产业的需求与供给将发生相应的变化，从而引起广泛的影响效应；反过来，其他产业的需求变化会导致该产业受到波及，而出现波动。由于某产业变化而引起产业间的连锁反应，在理论上会无限扩展和持续下去，但事实上在较长的时期内，其波及强度逐渐收敛。产业间波及效应分析是建立在投入产出表上，分析表中的某一系数发生变化时对其他系数可能产生的影响。波及效应可以用两种方法来度量：影响力系数与感应度系数。

文化创意产业由于其产业关联性强的特征，会对其他产业产生较强的波及效应，同时也使得本产业受其他产业的波及效应较强，从而每增加文化创意产业一单位的最终使用，会引起其他行业就业的增长；而每增加其他行业一单位的最终使用，也会引起文化创意产业就业的较大增长。

6.3　文化创意产业促进就业增长的定性分析

在创意经济阶段，地区经济发展对资本和劳动力的投入减弱，但发展的根本动力从资本和劳动力转向创新这样的软性要素，知识和信息的生产、传播和使用对地区的经济起到决定性的作用。在21世纪，对于任何一个国家或地区来说，要保持自己持续的竞争优势进而提升其综合竞争力，就要把握住时代经济发展的脉搏，最大限度地挖掘知识、创新对经济增长作用的具大潜力，这就需要发展文化创意产业。英国经济学家 Heart field 曾指出，21 世纪全球产业的转移和升级当中，主要的动向之一就是文化创意产业的兴起。因为，与其他产业相比，文化创意产业具有强力而广泛的产业融合效应，它能够在自身内部和其他产业之间进行结盟融合或者重组，促进整个行业融合升级，使得整个产业更加良性地发展。正如著名经济学家罗默所指出的，新创意才是推动一国经济增长的原动力。新创意会衍生出无穷的新产品、新市场，也会给劳动者创造出更多的就业机会。需要说明的是，相对于其他产业，文化创意产业所提供的就业岗位是新增的，而不是恢复性的；而高新技术等虽然也为经济增长带来重要贡献，但对就业具有明显的挤出效应。所以，从理论层面来分析，文化创意产业对于降低失业率、调整社会劳动力结构具有非常重要的作用。从文化创意产业的就业效应表现形式来分析，文化创意产业的就业效应可分为直接就业效应和间接就业效应。

6.3.1　文化创意产业的直接就业效应

文化创意产业的直接就业效应来源于产业自身发展所增加的就业量，其主要体现在两个方面：①随着文化创意产业的发展及企业规模的扩大，行业内部的就业数量会相应地增加；②随着文化创意产业的发展，知识积累与技术进步具有外溢性，能提高劳动者素质，改善结构性失业，从而使就业质量水平也会得到相应地提高。从行业的被动需求与主动发展角度来看，文化创意产业本身是个涉及面广、由众多子行业组成的产业，对劳动力需求量就有一定的广度。随着文化创意产业的发展，特别是伴随着其向社会各个部门渗透,大众消费者对文化创意产品及相关服务的市场需求就会与日俱增。在此基础上,这种市场需求量的上升必然会促使文化创意产业扩大产业规模以适应市场发展。而随着文化创意产业规模的扩大,其劳动力需求规模也会相应地进一步扩大。另一方面,与传统行业的企业一样,文化创意企业也是以追求利润最大化为导向,也要受相关市场因素的制约。那么,在外界竞争对手及市场环境压力和自身发展的内在压力下,文化创意产业内部各行业相关企业也会为了谋取自身利润,以市场导向为依据进行科学经营,要么扩大生产规模实现规模化生产,要么积极创新出更多的文化创意产品或者服务,从而吸纳更多的劳动力。从行业的人力资源特点来看,尽管文化创意产业很推崇个人创造力,但又不同于过去艺术家的那种闭门造车的"独创性",不同于他们各自独自完成的情形。当前文化创意产品的创作过程是多方协作的过程,通过创意策划、技术加工、制作、传播营销、管理协调等多方合作才能实现其价值。因此,文化创意产业的发展必然要依托社会各个行业的支持,同时也向社会各行各业渗透,才能不断发展,行业也才能日益成熟规范起来,从而充分发挥文化创意产业的直接就业效应。

6.3.2　文化创意产业的间接就业效应

文化创意产业的间接就业效应指的是文化创意产业的发展会引起国民经济发展中的相关变量的变动,从而导致国家就业人数数量及就业结构变动。本研究从经济增长、产业结构优化及城市化等几个方面对文化创意产业的间接就业效应进行分析。

第一,文化创意产业通过促进经济增长来充分发挥其就业效应。随着人们生活水平和社会富裕程度日益提高,文化消费在家庭和社会整个消费中的比例将越来越大，文化创意产业的发展能有效提升传统产业的文化精神内涵，从而刺激消费，促进经济增长；随着国际市场的逐渐萎缩，我国制造业的优势是不可持续的，通过文化创意产业的发展，有助于实现中国制造到中国创造的转变，提升我国产品在国际市场的竞争力，从而促进国际贸易，提供更多的就业岗位；文化创意产业与传统产业融合产生新的行业，形成新的经济增长点，吸纳社会就业人数。由此可见，通过发展文化创意产业进而拉动经济增长，可充分发挥文化创意产业在吸纳劳动力方面的比较优势。

第二，文化创意产业通过促进产业结构优化来充分发挥其就业效应。依据威廉·配第及克拉克等学者的理论，产业结构优化过程中使得产业结构的重点从第一产业向第二产业再向第三产业逐渐转移，第三产业与第一、第二产业相比，具有较高的就业弹性，产业间结构的优化有利于提升经济系统整体的就业弹性；对产业结构内部的优化，对于第二产业来说，我国的工业制造以体力劳动者居多，通过文化创意产业的发展，提升第二产业内部结构，提升产业链的附加值，提供更多的研发设计人员、市场营销人员的就业岗位；而对第三产业，虽然我国一些地区的第三产业比例正在逐年增加，但是第三产业内部呈现低端化的现象，各产业的就业弹性偏低，要加强文化创意产业与第三产业其他产业的融合以改善这一现象，提升第三产业的就业弹性。文化创意产业甚至还能作用于第一产业的内部，通过发展休闲农业、观光农业等新型农业，延长第一产业的产业链，能有效地解决第一产业过剩劳力的安置问题，从而解决就业问题。

第二，文化创意产业通过推动城市化进程来发挥其就业效应。文化创意产业的发展与城市化进程存在紧密的互动关系。文化创意产业的发展，有助于提升城市的品牌形象，产生投资效应，由此汇集而来的信息流、资金流、物质流转化为生产力，转而对劳动力提出更大的需求；据统计，我国城镇从业人员平均每年递增 5.76%，而乡村从业人员平均每年递增 2.3%，甚至自 2000 年后出现负增长情况。由此可见，随着城市化进程的加快，未来大量就业机会将出现在城镇中，因此，发展文化创意产业，推动城市化进程，可以有效地吸收从农村流出去的富余劳动力。

6.4　生产性服务业就业吸纳能力的实证分析

6.4.1　文化创意产业的就业现状

对于文化创意产业的就业效应问题的实证研究目前还比较少，特别是实证方面。本小节以北京市为例，以 2004～2012 年的区间数据为基础，分析文化创意产业在吸纳劳动力方面的能力。

表 6-1　文化创意产业的主要指标情况

	增加值亿元	同比增长	占 GDP 比重	从业人数万人	同比增长
2004	573.0	/	9.50%	74.4	/
2005	674.1	17.64%	9.67%	83.9	12.77%
2006	823.2	22.12%	10.14%	89.5	6.67%
2007	1008.3	22.49%	10.24%	90.0	0.56%
2008	1346.4	33.53%	12.11%	102.5	13.89%
2009	1489.9	10.66%	12.26%	114.9	12.10%

续表

2010	1697.7	13.95%	12.03%	133.2	15.90%
2011	1989.9	14.2%	12.1%	140.9	5.78%
2012	2189.2	10.3%	12.3%	152.9	8.52%
平均	1087.5	20.07%	10.85%	98.3	10.32%

资料来源:北京市统计局

表 6-1 显示了 2004—2012 年北京市文化创意产业主要指标情况。2004 年有明确的统计数据以来,文化创意产业各项指标均呈增长趋势,九年间文化创意产业产值占 GDP 的比重分别为 9.50%、9.67%、10.14%、10.24%、12.11%、12.26%、12.03%、12.1%、12.3%,文化创意产业增加值占 GDP 比重呈逐年上升的总体趋势,而且增速较快,平均增速为 20.07%。另外,从业人员从 2004 年的 74.4 万上升到 2012 年的 152.9 万,呈总体上升的趋势,平均增幅达到 10.32%。

横向比较,通过计算就业人数增长比例与所占比例,将文化创意产业与第一、二、三产业就业比较,结果如表 6-2 所示。

表 6-2　文化创意产业与第一、二、三产业就业情况

	第一产业		第二产业		第三产业		文化创意产业	
	增长速度	所占比例	增长速度	所占比例	增长速度	所占比例	增长速度	所占比例
2004	/	7.20%	/	27.26%	/	65.54%	/	8.71%
2005	1.14%	7.08%	−0.73%	26.32%	4.45%	66.59%	12.77%	9.56%
2006	−3.05%	6.56%	−2.47%	24.51%	8.43%	68.94%	6.67%	9.73%
2007	1.00%	6.46%	1.20%	24.20%	3.11%	69.34%	0.56%	9.55%
2008	3.45%	6.42%	−9.07%	21.14%	8.69%	72.43%	13.89%	10.45%
2009	−1.27%	6.23%	−3.76%	19.99%	3.66%	73.78%	12.10%	11.51%

续表

	第一产业		第二产业		第三产业		文化创意产业	
	增长速度	所占比例	增长速度	所占比例	增长速度	所占比例	增长速度	所占比例
2010	−1.29%	5.95%	1.55%	19.65%	4.21%	74.40%	15.93%	12.91%
2011	−3.75%	5.5%	8.14%	20.5%	3.11%	74.0%	5.78%	13.86%
2012	−3.05%	5.2%	−3.01%	19.2%	5.83%	75.6%	8.52%	14.5%

资料来源:北京市统计局

从各产业就业人数增长速度来看,2004—2012年间,第一、第二产业的就业比例均处于负增长状态,说明地区经济发展对第一、第二产业的需求量不大,二次产业吸收劳动力的能力在逐年下降,文化创意产业与第三产业呈现总体的增长趋势;而且相比于第三产业的平均水平,文化创意产业的增长速度更快,文化创意产业超过了第一产业的就业人数并逐年拉开差距;到2012年为止,文化创意产业就业所占比例接近第一产业的2倍,并逐步向第二产业接近。然后从另外一个角度来看,文化创意产业就业吸收能力,仍具有较大的进步空间,相比于文化创意产业增加值平均20.07%的增幅,同期文化创意产业就业人数增长仅为10.32%。整体上来说,北京文化创意产业的就业效应仍具有较大的发挥潜力。另外,从2009、2012的就业增加率来看,均超过了产业增加值的增长比例,这说明其就业潜力开始有效地释放。

6.4.2 文化创意产业的就业弹性

从以上分析可知,当前北京市文化创意产业的劳动力吸纳能力并没有充分发挥出来,所以应进一步研究文化创意产业的就业扩大能力。就业弹性分析法是研究产业就业扩大能力的基本方法。所谓就业弹性,就是描述经济增长率与就业增长率之间的关系,即在某一时期内经济增长上涨所引起就业增长的比率。

一般来说，就业弹性可用来反映行业的劳动力吸纳能力程度，表示行业就业量的变化对产值变化的敏感度，就业弹性系数越大，行业单位经济增长带动就业增长的能力越高；反之，则越低。也就意味着，即使行业经济保持高速增长，对就业也不会具有明显的拉动作用。从宏观经济的角度来看，就业弹性能较全面系统地反映某一行业的就业效应，并能较准确衡量各行业的劳动力吸收能力。

就业弹性是指经济增长每变化一个百分点所对应的就业数量变化的百分比，计算公式为：

$$\text{就业弹性}=\frac{\text{就业增长率}}{\text{增加值增长率}}\times 100\%$$

根据北京市 2005～2012 年的第一、二、三产业和文化创意产业就业人数和产值数据，计算就业弹性系数如表 6-3 所示。

表 6-3　各产业就业弹性系数比较

	第一产业	第二产业	第三产业	文化创意产业
2005	0.77	−0.08	0.24	0.72
2006	−27.09	−0.30	0.42	0.30
2007	0.07	0.08	0.13	0.02
2008	0.30	−1.95	0.55	0.41
2009	−0.26	−0.43	0.38	1.14
2010	−0.25	0.08	0.27	1.15
2011	0.23	0.09	0.24	1.23
2012	−0.16	−0.31	0.22	1.24
平均	−4.41	−0.43	0.33	0.62

资料来源：北京市统计局

从表6.3可以看出，文化创意产业的平均就业弹性平均值为0.62，大于第一、第二、第三产业的平均值－4.41、－0.43、0.33。其中，第一产业的就业弹性一直为负，这说明随着第一产业的产值增长，其吸收劳动力的水平已经非常差，出现劳动力过剩的现象，需要向其他产业转移劳动力。这主要由于当人们收入达到一定水平后，农产品本身固有的需求特性决定了其不能与人们的收入同步增长，其市场需求空间必然减少。另外，与第一二产业相比，第三产业就业弹性总体维持一个比较高的水平，第三产业是吸纳劳动力的主力军。与第三产业的平均水平相比，文化创意产业呈现出强大的就业弹性，说明文化创意产业有很强的劳动力吸纳能力，而且呈现出上升的趋势，并于2009年与2012年有了重大的突破，其就业潜力正在逐步释放。

6.4.3 文化创意产业的结构偏离度

结构偏离度是指某一产业的就业比重与增加值比重之差，公式为：

$$\beta = EM/E - GM/G$$

式中，β为结构偏离度系数，EM为某产业的就业人数，E为地区的总就业人数；GM为某产业的增加值，G为地区GDP。

由上式可以看出，结构偏离度与劳动生产率成反比，结构偏离度大于零表示正偏离，说明该产业的就业比重大于增加值比重，意味着该产业的劳动生产率较低，存在着劳动力转移出去的可能性；反之，负偏离则意味着该产业的劳动生产率较高，该产业存在着劳动力迁入的可能性。从理论上看，如果各个产业都是开放的，产业间没有行政壁垒，即各产业处于完全竞争状态，那么通过市场对劳动力资源的重新配置，会使各产业的生产率逐步趋于一致，各产业的结构偏离度也就逐步趋于零。所以，从各个产业结构偏离度的正负可以判断出该产业是排挤劳动力还是吸纳劳动力。

根据2004～2010年服务业内部各行业增加值与就业数据，可以计算出它们的结构偏离度，见表6-4。

表6-4 各产业结构偏离度比较

	第一产业	第二产业	第三产业	文化创意产业
2004	5.75%	−3.47%	−2.29%	−0.79%
2005	5.81%	−2.76%	−3.06%	−0.12%
2006	5.46%	−2.49%	−2.98%	−0.41%
2007	5.43%	−1.29%	−4.14%	−0.69%
2008	5.41%	−2.49%	−2.92%	−1.66%
2009	5.26%	−3.50%	−1.75%	−0.75%
2010	5.07%	−4.36%	−0.71%	−1.24%
2011	5.26%	−2.65%	−0.72%	−1.29%
2012	5.11%	−3.15%	−1.62%	−1.55%
平均	5.46%	−2.91%	−2.55%	−0.81%

从表6-4可以看出，北京地区除了第一产业之外，其他产业的结构偏离度均为负数，说明第二、第三产业与文化创意产业均具有正面的吸收劳动力的能力，而第一产业的劳动力还将进一步流出。从另外一个角度来看，结构偏离度与劳动生产率成反比，结构偏离度并不是越高越好；较为理想的状态为较高速度的产业发展速率以及较稳定的结构偏离度。结合各产业的增长率，我们可以看出，文化创意产业的发展速度是最高的，平均值达20.06%，其结构偏离度稳定持续为−1左右，说明在文化创意产业高速的增长过程中，能

够及时地吸收劳动力。从这个角度来看，第二产业同样具有较好的就业吸收能力；而第二产业的增长率较低，而且结构偏离度逐年增大，这与第二产业劳动生产率持续处在较低的水平有关，不利于产业的发展。

表 6-5 各产业的产值增长率

	第一产业	第二产业	第三产业	文化创意产业
2005	1.49%	9.33%	18.62%	17.64%
2006	0.11%	8.14%	20.26%	22.12%
2007	14.08%	14.51%	23.96%	22.49%
2008	11.35%	4.66%	15.75%	33.53%
2009	4.88%	8.72%	9.59%	10.66%
2010	5.16%	18.66%	15.49%	13.95%
2011	95.08%	−31.68%	23.97%	25.36%
2012	16.81%	15.74%	−25.85%	26.21%
平均	6.18%	10.67%	17.28%	20.06%

6.4.4 文化创意产业的成本费用利税空间

成本费用利税率是指成本费用与实现利税的比率，即所得与耗费的比率，它反映行业投入与产出的关系。一般来讲，成本费用水平低，说明行业盈利（贡献）水平高；反之，成本费用水平高，则说明行业盈利（贡献）水平低。在投入产出表中，第一象限的最后一行为各行业中间使用合计，各数值表明第 j 行业对各行业的中间使用总额。第三象限主要反映各行业的净产出价值，由固定资产折旧、劳动者报酬、生产税净额及营业盈余组成。则：

$$\text{成本费用利税率}=\frac{\text{生产税净额}+\text{营业盈余}}{\text{中间使用合计}+\text{固定资产折旧}+\text{劳动者报酬}}$$

在完善的市场机制下，资源的配置将流向成本费用利税率高的行业，因而该行业成为发展空间较大的行业。

表 6-6　各行业的成本费用利税率

<table>
<tr><th colspan="3">行业</th><th>成本费用利税率</th></tr>
<tr><td colspan="3">第一产业</td><td>0.0574</td></tr>
<tr><td colspan="3">第二产业</td><td>0.084151</td></tr>
<tr><td rowspan="17">第三产业</td><td rowspan="13">除文化创意产业外的其他行业</td><td>交通运输及仓储业</td><td>0.0526</td></tr>
<tr><td>邮政业</td><td>0.1265</td></tr>
<tr><td>批发和零售业</td><td>0.4311</td></tr>
<tr><td>住宿和餐饮业</td><td>0.0478</td></tr>
<tr><td>金融业</td><td>0.5707</td></tr>
<tr><td>房地产业</td><td>0.3123</td></tr>
<tr><td>租赁和商务服务业</td><td>0.0158</td></tr>
<tr><td>水利、环境和公共设施管理业</td><td>0.0278</td></tr>
<tr><td>居民服务和其他服务业</td><td>0.0507</td></tr>
<tr><td>教育</td><td>0.0191</td></tr>
<tr><td>卫生、社会保障和社会福利业</td><td>0.0057</td></tr>
<tr><td>公共管理和社会组织</td><td>0.0022</td></tr>
<tr><td>信息传输、计算机服务和软件业</td><td>0.1385</td></tr>
<tr><td rowspan="4">文化创意产业代表行业</td><td>文化、体育和娱乐业</td><td>0.0856</td></tr>
<tr><td>综合技术服务业</td><td>0.0665</td></tr>
<tr><td>研究与试验发展业</td><td>0.0195</td></tr>
</table>

由表 6-6 可以看出，在各行业当中最高的为金融行业，为 57.07%，说明金融业的就业增长空间最大；但是，金融行业的劳动壁垒较高，专业性较强，虽然能吸引较多的资源配置，但就业吸纳能力

与其资源占有不匹配；接下来的是批发和零售业与房地产行业，分别占43.11%、31.23%，具有较大的就业空间。从文化创意产业两个最具代表性的行业——信息传输、计算机服务和软件业、文化、体育和娱乐业来看，其成本费用利税率为13.85%、8.56%，虽然远小于金融业、房地产业与批发和零售业，但是相比第三行业的其他行业如交通运输及仓储业、住宿和餐饮业、租赁和商务服务业、居民服务和其他服务业等，均具有较高的资源配置优势，具有较高的就业吸纳空间。

6.4.5　文化创意产业的波及就业效应

为了计算文化创意产业与其他产业的波及效应，需要先计算文化创意产业与其他产业的经济增长与就业人数的方程。本研究采用中科院国情分析小组的经济增长与就业人数之间的非线性模型：

$$L = A Y^{\alpha} \mu$$

其中 L 为就业人数，A 为常系数，Y 为产业增加值，α 为就业弹性，u 为随机误差项。对等式两边取对数：

$$LnL = LnA + \alpha LnY + u$$

根据2004～2006年北京文化创意产业与三次产业就业人数与产业增加值的数据，利用 *Eviews*5.1 进行 *OLS* 估计。结果如下：

三次产业：

$$LnL = 4.75 + 0.23LnY$$

$$(53.92)\quad(23.75)$$

$$R^2 = 0.991221 Ajusted \quad R^2 = 0.989465 \quad F = 564.5213$$

文化创意产业：

$$LnL = 1.40 + 0.46LnY$$

$$(53.92)\quad(23.75)$$

$R^2=0.917798 Ajusted \quad R^2=0.901358 \quad F=55.82601$

表 6-7　文化创意产业与三次产业产值以及就业人数情况

	三次产业（除文化创意产业）		文化创意产业	
	增加值	就业人数	增加值	就业人数
2004	5460.2	854.1	573.0	74.4
2005	6295.4	878.0	674.1	83.9
2006	7294.6	919.7	823.2	89.5
2007	8838.5	942.7	1008.3	90
2008	9768.6	980.9	1346.4	102.5
2009	10663.1	998.3	1489.9	114.9
2010	12415.9	1031.6	1697.7	133.2
2011	14262.0	1069.7	1989.9	129.6
2012	15674.2	1123.6	2205.2	152.9

根据估计的参数，得出三次产业与文化创意产业的经济增长与就业非线性方程如下：

三次产业：

$$L_{GDP}=A\,Y_{GDP}{}^{0.23}$$

文化创意产业：

$$L_{CI}=A\,Y_{CI}{}^{0.46}$$

要对文化创意产业的波及就业效应进行分析，还需要计算文化创意产业在经济系统内的感应度和影响力。计算方法参照第四章感应波及分析相关章节，本小节直接采用第四章的计算结果，如表 6-8 所示。

表 6-8 文化创意产业的感应度与影响力计算结果

感应度	5.400523
影响力	3.590040

感应度表示国民经济各部门增加 1 单位最终需求时，文化创意产业将会增加 5.400523 单位的产出；影响力表示文化创意产业增加 1 个单位，通过直接与间接关联，对各经济部门所要求的生产量加总为 3.590040 个单位。

(1)感应度就业效应的计算

以 2010 年数据为基准，假设其他经济部门增加 1% 的产值，即增加 124.159 亿元的产值，相应的，文化创意产业将会直接增加 124.159×7＝869.113 亿元的产值，相应的产值增加比例为 869.113/1697.7＝0.512，即文化创意产业的产值可以得到大幅的提高，幅度达到 51.2% 。根据式子：

$$L_{CI} = A\,Y_{CI}^{\;0.46}$$

当产值 Y_{CI} 增加 51.2%，劳动力 L_{CI} 的增加量为原来的 $1.512^{0.46}$ 倍，等于 1.209。同样的，以 2010 年文化创意产业就业人口 133.2 万人为基准，计算结果为 161.039 万人，同比增长20.9%，为 27.839 万人。

(2)影响力就业效应的计算

以 2010 年数据为基准，假设文化创意产业增加 1% 的产值，即 16.97，相应地，三次产业的产值增加为 16.97×5＝84.85，增加比例为 0.0068。同样的，根据式子：

$$L_{GDP} = A\,Y_{GDP}^{\;0.23}$$

相应的劳动量增加数量为 $1.0068^{0.46}$，劳动量的绝对增加比例为0.156%,以2010年三次产业就业人口1031.6来计算,可以带来1.61万人的就业量。

由上述计算结果可以看出,文化创意产业受国民经济系统的波及就业效应非常明显,当各经济部门提升1个百分点的产值,文化创意产业将得到大幅度51.2%的产值提升和20.9%的就业量提升;相比而言,当文化创意产业提升1个百分点,能为经济系统的其他产业带来0.156%的就业提升,绝对值为1.61万人。后者的提升力度似乎不大,但如果达到一个良性的循环叠加,就业效应仍然相当的可观。

6.5 结论与启示

本章首先引用业务外包理论与产业波及理论分析文化创意产业的广阔成长空间与就业潜力,并对文化创意产业对就业增长的直接与间接效应进行分析。文化创意产业除了自身增加值带来直接的劳动力需求之外,还能通过促进经济增长,调整产业结构以及加速城市化进程来促进地区的就业增加。

文化创意产业对经济增长的实证部分,以北京市为例,通过就业人数的发展趋势、就业弹性指标、就业成长空间(包括结构偏离度与成本费用利税空间两方面)以及由于产业波及效应而产生的就业增加进行了量化分析,并得出以下结论。

①以2004~2006年的文化创意产业发展的序列数据为基础作描述性统计分析,可以发现,文化创意产业增加值平均达20.07%,其产业规模在不断的变大,占*GDP*的比例呈现逐年递增的趋势,2008年到2010年均占到*GDP*的12%左右。其就业人数也呈现出

较高的增长趋势，年平均增长率达到 10.32%，但对其产值的高速增长还具有较强的就业潜力。

②文化创意产业的就业弹性的算术平均值为 0.62，远远大于第一、第二、第三产业的平均值－4.41、－0.43、0.33 的就业弹性，说明文化创意产业具有较强的劳动力吸纳的能力。再从文化创意产业的结构偏离度与成本利税率考虑文化创意产业的就业空间，从结构偏离度上来看，文化创意产业的结构偏离度持续为负，并维持在－1 左右，系数为负说明文化创意产业有正面的吸收劳动力的能力，虽然结构偏离度不大，但是随着其规模的不断壮大，将能有效并较为及时地吸收就业。从其行业的成本费用利税率来看，文化创意产业仅次于金融行业、房地产行业，特别是信息传输、计算机软件业与文化、体育和娱乐业的成本费用利税率达到了 13.85%、8.56%，远高于第三产业的多数行业，具有较高的资源配置优势，从而有较高的就业吸纳空间。

③通过波及效应的计算得出，当北京经济系统其他产业增加 1 个百分比的产值，将波及文化创意产业产值大幅增加，涨幅达到了 51.2%，同时将带来 20.9%、27.839 万人的就业增加。反过来，当文化创意产业产值增加 1%，能促使其他产业增加值增加，间接地获得 1.61 万人的就业增加，这一数字虽然不大，但是波及效应存在持续性；由于文化创意产业与其他产业紧密的关联程度、频繁的交易，波及效应将得到有效的叠加，从而使得文化创意产业对就业增长的直接与间接效应获得极大的提升。

第 7 章　文化创意产业提升经济增长质量的结论与启示

本研究背景中提及我国质量型经济增长方式面临的新问题，包括资源环境的压力、自主创新能力低下与制造业产业链的低端化，以及就业问题等。文化创意产业从英国诞生开始，为伦敦等老工业城市克服了落后制造业能耗大、污染大、附加值低的问题，并成为英国的第一大就业产业；之后随着世界其他发达国家如美国、日本、韩国、澳大利亚的实践证明，其在提高经济增长的效率、加速经济的结构优化以及解决就业增长问题等主要经济增长质量的影响中有着显著的促进作用。本研究通过文化创意产业对经济增长效率、产业结构关联、就业问题等的理论研究，并以北京市的文化创意产业发展的相关数据对这三方面的实证分析，说明文化创意产业的发展对我国的经济增长质量同样有显著的提升，主要结论如下。

7.1　研究结论及政策启示

本研究以文化创意产业为研究对象，主要考虑了现阶段文化创意产业对经济增长的促进作用。本研究根据文化创意产业的特点与经济增长质量的界定，指出经济增长质量考察的三个方面：经济增长效率、产业结构关联、就业水平，对其分别进行了机理研究，并进一步利用历史经验数据得出文化创意产业的发展与经济增长质量之间促进关系，本研究得出的主要结论如下。

(1)文化创意产业与经济增长质量之间的相关性研究综述

对本研究所涉及的主要研究对象包括对文化创意产业、经济增长质量进行明确的界定，以及对文化创意产业发展与经济增长质量提升的相关性进行研究。为此，本章首先回顾了国内外文化创意产业的发展历程，从各国政府以及学者对文化创意产业的内涵研究入手，明确我国文化创意产业的内涵与外延，及其明确的行业界定；其次通过对经济增长质量的综合研究，得出其较受关注的三个方面：经济效率、产业结构以及就业增长，针对这三个方面，对文化创意产业与经济增长的相关理论与研究内容进行了综述。

(2)文化创意产业对经济增长效率的研究

对文化创意产业发展对经济效率的提升进行了定性分析，首先从经济增长的源泉理论进行分析，得出现阶段文化创意对经济增长起到决定性的作用；接着探讨文化创意产业的资本属性，反映文化创意产业在经济发展过程当中所具有的经济性质，得出文化资本在一定条件下能与社会资本与经济资本实现转化，共同推进经济的增长；然后再从微观到宏观的维度，考察文化创意产业对企业、城市以及国家的经济决策的影响作用；最后通过对文化创意产业持续创新机制、扩散与溢出机制、资源转化机制的研究，得出文化创意产业推动经济效率进步，拉动经济持续增长的作用路径。文化创意产业对经济效率提升的实证部分，通过协整分析与因果分析说明文化创意要素对当地全要素生产率的影响，最后通过经济增长模型建立回归方程，比较文化创意要素与经济增长的主要要素——资本存量与劳动力对经济增长的贡献度，并得出以下结论。

①通过协整分析表明，文化创意产业发展与人均地区收入，与全要素生产率存在长期的均衡关系。另外，通过进一步的格兰杰因果检验得出，文化创意产业与人均地区收入存在双向的因果关系，分别在滞后 2 期与 3 期内对彼此产生较长时间的作用，说明文化创意产业的发展有利于地区经济增长，而人均收入的提高对文化创意产业的需求效应促进该产业的发展；文化创意产业对全要素生产率存在单向的因果，在滞后 2 期内对全要素生产率的提高有显著的作用，从第 3 期开始减弱，文化创意产业的持续发展对全要素生产率的提高十分重要。

②通过基于修正后的 $C-D$ 函数对文化创意要素与经济增长总量进行的实证分析表明，北京地区的经济增长仍然以资本要素为主，劳动力要素的作用不明显，创意要素的弹性处于两者之间；这说明在劳动力要素重要性降低的同时，创意要素的重要性将日益显现，文化创意产业的发展有利于结合资本要素，有效地推动地区经济的发展。

(3)基于产业关联的文化创意产业对产业结构的影响研究

对文化创意产业与产业结构的关联关系进行了定性分析，得出文化创意产业通过产业链的前向关联、后向关联以及旁侧关联，促进产业链的延伸以及使产业链变得更加紧凑；接着从产业融合的角度，分析文化创意产业与三次产业的融合途径；然后从微观的角度入手，对文化创意产业的价值构成进行了剖析，其通过观念价值的提升，以满足人们日益增长的文化精神消费需求，并通过附着于物质产品上更高的精神价值提升产品的附加价值与产品竞争力。在文化创意产业的价值链中，人力资源起到了决定性的作用，通过人力资源的工艺创意、商业创意、内容创意，文化创意产业的发展对传统产业有着显著的升级作用；文化创意产业分别通过上述三种创意模型从产品功能、商业模式、观念价值等全方面地提升传统产业的综合竞争力。实证部分运用投入产出分析方法对北京市文化创意产业的产业关联效应做了详细的实证分析，分析结论主要有以下几点。

①通过文化创意产业对其他产业的前后向关联分析，文化创意产业与第二产业、第三产业的关联性较强。文化创意产业与第二产业的直接消耗系数最高，这说明文化创意产业对第二产业的依赖程度较高，其直接分配系数仅次于第三产业，说明现阶段文化创意产业对第二产业有显著的促进作用，但是仍有待进一步提高。对于第三产业，文化创意产业对其直接消耗系数仅次于第二产业，而直接分配系数最高，文化创意产业的发展对于北京市第三产业的发展有着较高的贡献度。文化创意产业对于第一产业的支持很弱，说明北京农业的现代化水平有待进一步提高。

②通过中间需求分析发现，文化创意产业部门与传统的文化部门不同，除了满足人们的精神文化需求之外，还表现出明显的中间产品型产业属性，能为其他生产企业提供生产性服务。另外，目前北京市文化创意产业中，相比于信息传输、计算机服务软件业与文化体育娱乐业，研发试验与综合技术服务的增加值较低，市场化、产

业化水平还相对较低，加强产学研合作是提升文化创意产业整体水平的关键。同时文化创意产业的出口量遥遥领先于三次产业，文化创意产业的高出口率，除了能给地区增加收入，还能在文化创意产品的传播过程中间接地提升城市形象，对地区其他产品的贸易起到全方位的带动作用。

③文化创意产业在国民经济中的逆向波及效应和顺向波及效应都比较明显，其中文化创意产业受到国民经济发展的拉动作用较为明显。随着经济的发展，文化创意产业具有较好的发展势头，成为新的经济增长点，政府应将文化创意产业作为支柱产业来扶持。另外，文化创意产业的影响力大于第三产业的平均水平，说明文化创意产业对各部门的生产服务有着显著的推动力，文化创意产业的成果有利于提高相关产业的竞争力。

(4)文化创意产业对就业水平的影响研究

引用业务外包理论与产业波及理论分析文化创意产业的广阔成长空间与就业潜力，并对文化创意产业对就业增长的直接与间接效应进行分析。文化创意产业除了自身增加值带来直接的劳动力需求之外，还能通过促进经济增长，调整产业结构以及加速城市化进程来促进地区的就业增加。

文化创意产业对经济增长的实证部分，以北京市为例，通过就业人数的发展趋势、就业弹性指标、就业成长空间(包括结构偏离度与成本费用利税空间两方面)以及由于产业波级效应而产生的就业增加进行了量化分析，并得出以下结论。

①以 2004～2006 年的文化创意产业发展的序列数据为基础作描述性统计分析，可以发现文化创意产业增加值平均达20.07%，其

产业规模在不断的变大，占 *GDP* 的比例呈现逐年递增的趋势，2008 年到 2010 年均占到 *GDP* 的 12% 左右。其就业人数也呈现出较高的增长趋势，年平均增长率达到 10.32%，但对其产值的高速增长比较得出，还具有较强的就业潜力。

②文化创意产业的就业弹性的算术平均值为 0.62，远远大于第一、第二、第三产业的平均值 −4.41、−0.43、0.33 的就业弹性，说明文化创意产业具有较强的劳动力吸纳的能力；再从文化创意产业的结构偏离度与成本利税率考虑文化创意产业的就业空间，从结构偏离度上来看，文化创意产业的结构偏离度持续为负，并维持在 −1 左右，系数为负说明文化创意产业有正面的吸收劳动力的能力，虽然结构偏离度不大，但是随着其规模的不断壮大，将能有效并较为及时地吸收就业。从其行业的成本费用利税率来看，文化创意产业仅次于金融行业、房地产行业，特别是信息传输、计算机软件业与文化、体育和娱乐业达到了成本费用利税率的 13.85%、8.56%，远高于第三产业的多数行业，具有较高的资源配置优势，从而有较高的就业吸纳空间。

③通过波及效应的计算得出，当北京经济系统其他产业增加 1 个百分比的产值，将波及文化创意产业产值大幅增加，涨幅达到了 51.2%，同时将带来 20.9%、27.839 万人的就业增加。反过来，当文化创意产业产值增加 1%，能促使其他产业增加值增加，间接地获得 1.61 万人的就业增加；这一数字虽然不大，但是波及效应存在持续性；由于文化创意产业与其他产业紧密的关联程度、频繁的交易，波及效应将得到有效的叠加，从而使得文化创意产业对就业增长的直接与间接效应获得极大的提升。

7.2　研究展望

本研究通过查阅大量的文献，收集大量文化创意产业的相关数据进行分析，对文化创意产业与经济增长质量的关系从定性、定量两方面进行了尝试性探讨，虽在一定程度上达到了预期研究目标，但本研究的观点与提出的方法还不够成熟，在文化创意产业与经济增长质量方面的研究还存在诸多有待完善的地方，研究成果有不尽完善之处，主要体现在以下几个方面。

①本研究构建文化创意产业对经济增长质量的分析框架，为后续的研究提供了论述的立足点与出发点，但是经济增长质量中的其他问题如环境问题、福利因素等未进行详细的分析，导致本研究的讨论还不够全面。

②在定性分析部分，本研究尝试利用有关经济学理论对文化创意产业的发展进行分析，其理论深度与研究方法还有待进一步改善。

③在时间序列分析以及投入产出分析过程中，由于文化创意产业的统计指标、统计数据的缺失以及统计口径的问题，本研究通过指标构造选择了对文化创意产业解释度较大的代表性指标与数据进行定量分析，虽然能基本满足研究需要，得出文化创意产业与经济增长质量相关方面的定量关系；但是作为定量分析来说，在相关统计数据出台之后，在数据的精度上还有待进一步提高。

参考文献

英文文献

[1]*Allen J. Scott. Cultural－products Industries and Urban Economic Development* [*J*].*UrbanAffairs Review*, 2004, (39): 461－490.

[2]*Beyers, W.B. Culture, Services and Regional Development*[*J*].*Service Industries Journal*, 2002, (22): 4－34.

[3] *CITF* (*Creative Industries Task Force*) 001, *http://www.culture.gov.uk/creative/mapping.html*

[4]*DCMS. Creative Britain－New Talents for the New Economy*[*R*]. 2004.

[5]*Gamham Nicholas. Toward a theory of cultural materialism. Journal of Communication*[*J*], 1983: 314－29.

[6]*Hall, P.Creative Cities and Economic Development. Urban Studies*[*J*].2000, 37(4): 639－649.

[7] *John Howkins. The Creative Economy: How People Make Money from Ideas*[M].2003.

[8]*Jones, P.et al. Creative industries. Management Research* [J] *News*.2004, 27: 134—141.

[9] *Kibbe, B. Creative Workers, Cultural Industries and Technology in the United States* [A]//*Cultural Industries: A Challenge for the Future of Culture. Paris: UNESCO*, 1982: 120—135

[10] *London: The Creative Economy . The Penguin Press*, 2001.

[11] *Mark Jayne. Culture That Works — — Creative Industries Development in a Working—class city* [J]. *Capital and Class*, 2004: 199—205.

[12]*Michael Keane, Albert Moran. Re—making Television: the New Global Culture*[M].*John Libbey Press*, 2007: 174—180.

[13]*Michael Keane. Brave New World: Understanding China's Creative vision* [J]. *International Journal of Cultural Policy*, 2004, 10(3):265—279.

[14]*Michael keane. Creativity in China: Embracing Innovative Productivity and Reforming the Creative Ecology* [R]. *Report on ci of East Asia*, 2006.

[15]*Pratt, A Creative Clusters: towards the Governance of the Creative Industries Production System Media International Australia: Culture and Policy* [J].2004, 112:50—66.

[16]*Richard Florida. The Rise of the Creative Class*[*M*]. *New York*: *Basic Books*, 2002.

[17]*Romer, Paul M. Increasing Returnsand Long－run Growth* [*J*].*Journal of Political Economy*, 1986(94).

[18]*Romer, Paul M*: *Two Strategies for Economic Development*: *Using Ideas and Producing Ideas*[*R*].*In Proceedings of the World Bank Annual Conference on Development Economics*.1992.

[19]*Roodhouse, Simon. Have the Cultural Industries a Role to Play in Regional Regeneration and a Nation's Wealth. Brisbane*[*J*], *Queensland University of Technology*, *July*. 2001.

[20]*Ruth Towse. A Handbook of Cultural Economics* [*M*]. *Edward Elgar Publishing Inc*, 2003.

[21]*Stuart Cunningham. Evolution and mutation in the creative industries idea*[*N*], 2005.

中文文献

[1]*CMIC .CMIC*:加强资源循环利用,推进城市矿产开发. *http*://*www. ccidreport. com*/*market*/*article*/*content*/3720/.../488726.*html*,2017,5,4.

[2]*H*.钱纳里,*S*.鲁宾逊,*M*.赛尔奎因. 工业化和经济增长的比较研究[*M*]. 上海:上海三联书店,1989.

[3]*IIPA*. 2013 世界知识产权报告[*R*].2013.

[4][澳]约翰·哈特利创意产业读本[*M*].北京:清华大学出版

社. 2007.

[5]布迪厄著，包亚明译.文化资本与社会炼金术[M].上海：上海人民出版社，1997：21—45.

[6]曹海峰.消费文化理论与创意产业的勃兴[J].中国社会科学院研究生院学报. 2007，(2)：135—138.

[7]常进雄.对中国经济增长过程中GDP就业弹性问题的初步研究[J].中国人口科学，2005，(1)：55—61.

[8]钞小静，惠康. 中国经济增长质量的测度[J]. 数量经济技术经济研究，2009，(06)：75—86.

[9]陈楚.基于价值链理论的创意产业赢利模式探析[J].科技进步与对策，2007，(3)：68—70.

[10]陈华. 皮埃尔·布尔迪厄的媒介文化思想[D].兰州大学，2010.

[11]陈洁民，尹秀艳. 北京文化创意产业发展现状分析[J]. 北京城市学院学报，2009，(04)：9—19.

[12]陈昆亭，周炎.富国之路：长期经济增长的一致理论[J].经济研究，2008，(2)：19—32.

[13]陈平.关于我国发展创意产业的思考[J].科技进步与对策，2006，(7)：135—137.

[14]陈群，桂起权. 经济学究竟是严密自然科学还是行为科学？——A.罗森伯格经济学哲学思想解读[J]. 经济评论，2011，(05)：5—11.

[15]陈溪，创意产业与价值链调整[J].金融经济（理论版），2006，(6)：12—19.

[16]陈育纯.基于产业集聚的香港创意产业发展研究[J].价格月刊，2009,(10)：54—57.

[17]陈治国. 布尔迪厄文化资本理论研究[D].首都师范大学,2011.

[18]程宇宁.创意产业的本质属性探究从创意产业与传统产业的比较分析看创意产业的特征[J].商场现代化，2007，(11)：247.

[19]褚劲风.上海创意产业集聚的地缘空间研究[J].上海经济研究，2009(5)：92—98.

[20]代明,殷仪金,戴谢尔. 创新理论:1912—2012——纪念熊彼特《经济发展理论》首版 100 周年[J]. 经济学动态,2012,(04)：143—150.

[21]戴维·思罗斯比.什么是文化资本.马克思主义与现实[J]潘飞编译. 2004,(1)：50—55.

[22]道格拉斯·C.诺斯.经济史中的结构与变迁[M].上海：上海三联书店,1991：51—60.

[23]董云飞.借鉴国外经验发展我国创意产业[J].学术交流，2007，(7)：103—106.

[24]方福前,孙永君. 奥肯定律在我国的适用性检验[J]. 经济学动态,2010,(12):20—25.

[25]冯亦斐.创意产业的中国萌动[J].新闻周刊，2004，(5)：62—63.

[26]傅晓霞,吴利学. 技术差距、创新路径与经济赶超——基于后发国家的内生技术进步模型[J]. 经济研究,2013,(06):19—32.

[27]高红岩.创意产业面临的统计问题与对策分析[J].统计与

决策，2007，(5)：39－41.

[28]高颖.2006 中国文化创意产业展望[J].文化，2006，(3)：68－76.

[29]龚莎，韩庆. 2014 年上海文化创意产业增加值占 GDP 比重达 12% [EB/OL]. http://sh.people.com.cn/n/2015/0205/c347221－23807969.html.2017,5,3.

[30]顾宝艳.北京支柱产业的迁移——浅谈北京文化创意产业的几个问题[J].北京广播电视大学学报，2007，(2)：24－28.

[31]郭庆旺，贾俊雪.中国全要素生产率的估算：1979—2004[J].经济研究，2005，(6)：51－60.

[32]韩金起. 资本与现代社会[D].复旦大学，2012.

[33]韩顺法. 文化创意产业对国民经济发展的影响及实证研究[D].南京航空航天大学，2010.

[34]贺寿昌.文化创意产业案例分析[J].上海戏剧学院学报，2007，(1)：30－37.

[35]候彬，邝小文. 熊彼特的创新理论及其意义[J]. 科学社会主义，2005，(02)：86－88.

[36]胡彬.创意产业价值创造的内在机理与政策导向[J].中国工业经济，2007，(5)：22－29.

[37]胡立法. "索洛剩余"与外资对中国经济增长的技术贡献率实证分析[J]. 世界经济研究，2003，(10)：54－56＋62.

[38]胡晓鹏.基于资本属性的文化创意产业研究[J].中国工业经济，2006，(12)：3－7.

[39]华正伟. 我国创意产业集群与区域经济发展研究[D].东

北师范大学,2012.

[40]黄海峰.创意产业的经济学意义分析[J].甘肃社会科学,2007,(2):28—30.

[41]黄立.非均衡经济增长宏观调控的有关模型及应用研究[D].中南大学,2005.

[42]霍步刚.国外文化产业发展比较研究[D].东北财经大学,2009.

[43]金相郁.文化资本与区域经济发展的关系研究[J].统计研究,2009,(2):28—32.

[44]金元浦.当代文化创意产业的崛起.*http://www.culindustries.com*,2016,11,23.

[45]金元浦.文化创意产业与北京的发展[J].前线,2006,(3):25—26.

[46]卡马耶夫.经济增长的速度和质量[M].武汉:湖北人民出版社,1983.

[47]克里斯・比尔顿.创意与管理:从创意产业到创意管理[M].北京:新世界出版社,2010.

[48]孔令刚,蒋晓岚.基于产业融合视角的文化创意产业发展战略[J].华东经济管理,2007,(6):49—52.

[49]李碧珍.创意商品的价值构成与价值实现[J].当代经济研究,2007,(9):27—30.

[50]李变花.中国经济增长质量研究[D].吉林大学,2005.

[51]李舫.呼唤文化创意产业的崛起[J].人民日报.2006—12—18.

[52]李俊霖. 中国经济增长质量研究[D].华中科技大学,2007.

[53]李魁.基于创新视角的创意产业与创意经济发展研究[J].兰州学刊.2007,(11)：45－51.

[54]李明超. 创意城市与英国创意产业的兴起[J]. 公共管理学报,2008,(04):93－100＋127.

[55]李挺新，李书.文化产品价值的经济学分析[J].市场周刊,2005,(3)：93－96.

[56]李小海."无形"和"有形"——对科技与创意产业结合点的探索与思考[J].今日科技研究与探讨，2006，(11)：35.

[57]李义杰. 媒介与文化资本[D].浙江大学,2012.

[58]李岳平. 经济增长质量评估体系及实证分析[J]. 江苏统计,2001,(05):19－22.

[59]李跃乾. 台湾文化创意产业的发展、经验及启示[J]. 统一论坛,2014,(03):45－48.

[60]李子阳. 奥肯定律在中国的适用性检验[J]. 现代营销(下旬刊),2016,(09):11.

[61]厉无畏，顾丽英.创意产业价值创造机制与产业组织模式[J].学术月刊，2007，(8)：18－83.

[62]厉无畏，王慧敏.创意产业促进经济增长方式转变[J].中国工业经济，2006,(11)：5－13.

[63]厉无畏.创意产业导论[M].北京:学林出版社，2006.

[64]厉无畏.文化创意的产业化与产业创新[J].同济人学学报(社会科学版)，2009(2)：41－44.

[65]梁芳，赵瑞平.创意产业发展的实证分析与理论探究[J].

经济论坛，2006(15)：66－67.

[66]廖灿.创意中国[M].北京：中国经济出版社，2008.

[67]刘江涛，张波.关注文化创意产业[J].经济问题探索，2006，(10)：36－40.

[68]刘平. 英国、日本、韩国创意产业发展举措与启示[J]. 社会科学,2009,(07):53－60＋188.

[69]刘飒，王强.北京市文化创意产业发展实证研究[J].经济管理，2009(2)：42－48.

[70]刘友金.创意产业理论的兴起与发展[J].经济学动态，2008，(12)：95－99.

[71]刘志迎,程瑶. X 效率与高技术企业文化建设[J]. 科技与管理,2006,(06):63－65.

[72]卢瑛昊.文化创意产业推动区域经济发展的新引擎[J]. 数据，2007，(6)：32－34.

[73]陆彪. 挑战技术难题,推动产业升级[N]. 中国石油报，2006－01－11(003).

[74]陆静超. 经济增长理论的沿革与创新——评新古典增长理论与新增长理论[J]. 哈尔滨工业大学学报(社会科学版),2004,(05):94－98.

[75]吕方.世界文化发展与英国创意产业[J].世界经济与政治论坛.2007,(6)：106－110.

[76]罗伯特·J·巴罗.经济增长的决定因素[M].北京：中国人民大学出版社. 2004.

[77]迈克尔·波特.竞争论[M].北京：中信出版社，2003.

[78]迈克尔·波特.国家竞争优势[M].李明轩译.北京：华夏出版社.2002.

[79][美]迈克尔·波特. 竞争优势[M]. 中信出版社.2014.

[80][美]理查德·E·凯夫斯.创意产业经济学——艺术的商业之道[M].北京:新华出版社,2004.

[81][美]弗罗里达.创意经济[M].北京:中国人民大学出版社. 2006.

[82]孟彦菊. 投入产出模型扩展研究[D].西南财经大学,2009.

[83]穆宝江. 韩国文化产业发展与中韩文化产业合作[D].吉林大学,2012.

[84]潘燕. 浅析区域创新文化对集群式创新的影响[J]. 沿海企业与科技,2006,(10):8—10.

[85]潘燕.略论创意产业发展的效应研究[J].淮海工学院学报(社会科学版), 2006, (9): 56—58.

[86]钱纳里等.工业化和经济增长的比较研究[M].上海：上海人民出版社, 1995.

[87]荣跃明.超越文化产业——创意产业的本质与特征[J].毛泽东邓小平理论研究, 2004, (5): 18—24.

[88]邵琳. 人力资本对中国经济增长的影响研究[D].吉林大学,2014.

[89]沈小波. 资源环境约束下的经济增长与政策选择——基于新古典增长模型的理论分析[J]. 中国经济问题,2010,(05):10—17.

[90]盛垒. 创意产业:21 世纪新的经济增长点[J]. 市场研究,

2006,(01):18－22.

[91]施惟达.从文化产业到创意产业[J].学术探索.2009,(5):25－26.

[92]田常清.出版产业国际竞争力评价理论与实证研究[D].武汉大学,2014.

[93]田霄燕.中国房地产业的就业“乘数效应”分析[J].中国房地产金融,2003,(11):10－14.

[94]佟贺丰.英国文化创意产业发展概况及其启示[J].科技与管理,2005,(1):30－32.

[95]王斌武.现代西方经济增长理论——从“哈罗德-多马”到“新古典”[J].经济问题探索,1989,(02):60－63.

[96]王春生.把握创意产业的特性促进创意产业发展[J].业内观察,2006,(2):29－31.

[97]王飞鹏.文化创意产业发展与创意人才开发研究[J].未来与发展,2009(7):19－22.

[98]王静.中国知识密集型服务业就业效应测度研究[J].中国科技论坛,2008,(3):52－54.

[99]王林,顾江.文化产业发展与区域经济增长——来自长三角地区14个城市的经验证据[J].中南财经政法大学学报,2009,(02):84－88＋144.

[100]王双,陈柳钦.内生经济增长理论的演进和最新发展[J].经济与管理评论,2012,(04):20－24.

[101]王蔚,金旼旼.创意之父约翰·霍金斯诠释创意经济[J].瞭望新闻周刊,2006,(09):85.

[102]王献东.文化创意产业中的人力资本分析[J].太原科技，2007，(12)：46—47.

[103]王炤坤. 科学发展观视野下资源型地区经济转型路径研究[D].山西财经大学,2013.

[104]文娉,徐亚男. G20 国家创意产业发展影响因素评价与研究[J]. 地域研究与开发,2015,(01):1—7.

[105]闻育旻. 世界经济大师北京科博会上纷纷建言中国科技发展. *http*://*www.chinanews.com*/*news*/2006/2006—05—24/8/733829.*shtml*.2017.3.26.

[106]吴存东，吴琼.文化创意产业概论[M].北京：中国经济出版社，2010.

[107]吴玉乾，李廉永.制造业发展带动就业效应分析[J].现代管理科学，2006，(3)：5—6.

[108]武青艳. 日本创造技法的地域性特征及其文化解读[D].东北大学,2012.

[109]邢华.文化创意产业价值链整合及其发展路径探析[J].经济管理，2009,(2):27—41.

[110]熊彼特.经济发展理论[M].北京：商务印书馆，1990，(3)：47—51.

[111]熊韶辉. 论中国实现石油安全的贸易战略和策略[D].对外经济贸易大学,2007.

[112]熊心悦. 奥肯定律在中国失效问题的实证研究[J]. 中国城市经济,2011,(17):202+204.

[113]许平祥. 美国经济“二元化”与“奥肯定律”的困局[J]. 经

济科学,2011,(05):26－42.

[114]亚当·斯密.国富论[M].北京:中央编译出版社，2010.

[115]杨富荣. 奥肯定律在中国的失效及其对策[J]. 武汉金融,2004,(07):22－24.

[116]杨永忠.创意产业经济学[M].福建：福建人民出版社，2009.

[117]姚冬旭.文化创意产业的界定及其意义[J].商业时代，2007(8)：95－96.

[118]姚战琪，夏杰长.资本深化、技术进步对中国就业效应的经验分析[J].世界经济，2005，(1)：58－67.

[119]易丹辉.数据分析与EViews应用[M].北京：中国统计出版社，2002：100－148.

[120][英]彭罗斯. 企业成长理论[M].上海:上海人民出版社.2007.

[121]英国文体部.创意产业专题报告[R]. 2008.

[122]于泽.我国文化产业发展效益效率评价及资金配置对策研究[D].中国矿业大学,2014.

[123]苑洁.当代西方文化产业理论研究概述[J].马克思主义与现实.2004，(1)：98－106.

[124]约翰·霍金斯.创意经济[M].上海：上海三联书店，2006.

[125]约翰·霍金斯.创意经济——人们如何从思想中创造金钱[M].上海:上海三联出版社.2001.

[126]张昌兵. 美国版权产业的海外扩张战略[J]. 国际经济合

作,2010,(12):73—76.

[127]张车伟.我国就业弹性变化的趋势[J].中国劳动，2002，(7)：8—11.

[128]张京成，刘光宇.创意产业的特点及两种存在方式[J].北京社会科学，2007,(4)：4—8.

[129]张文洁. 英国创意产业的发展及启示[J]. 云南社会科学,2005,(02):85—87.

[130]张晓明，胡惠林，章建刚.中国文化产业发展报告[M].北京：社会科学文献出版社，2007.

[131]张亚斌,易先忠,刘智勇. 后发国家知识产权保护与技术赶超[J]. 中国软科学,2006,(07):60—67.

[132]张艳辉. 上海市创意产业关联效应的实证分析[A]. 上海社会科学界联合会.上海市社会科学界第五届学术年会文集(2007年度)(经济·管理学科卷)[C].上海社会科学界联合会,2007:5.

[133]张振鹏，王玲.文化创意产业在我国的定义及发展问题探讨[J].科技与管理，2008,(11)：7—9.

[134]郑洪涛. 基于区域视角的文化创意产业发展研究[D].河南大学,2008.

[135]郑洪涛. 文化创意产业集群特征、聚集原理与竞争优势[J]. 中州学刊,2013,(05):31—34.

[136]植草益. 信息通讯业的产业融合[J]. 中国工业经济,2001,(02):24—27.

[137]钟学义,陈平. 技术,技术进步,技术经济学和数量经济学之诠释[J]. 数量经济技术经济研究,2006,(03):156—161.

[138]周振华. 产业融合:产业发展及经济增长的新动力[J]. 中国工业经济,2003,(04):46－52.

[139]朱红恒. 熊彼特的创新理论及启示[J]. 社会科学家,2005,(01):59－61＋70.

后 记

随着经济的快速发展，能源紧缺和环境恶化已成为制约世界各国经济社会可持续发展的瓶颈。如何通过转变经济增长模式来缓解矛盾，实现经济的转型发展，已经成为世界各国特别是发达国家共同关注的话题。文化创意产业作为目前经济发展阶段具有代表性的新兴行业，主要依靠创意主体的智慧、天赋和技能，融合科技元素，对文化资源进行创新与提升，生产具有高附加值的产品与服务，具有较高的财富创造与吸纳就业的潜力，能够有效地提升国家与地区的综合竞争力。因此，文化创意产业近年来得到了世界各国的广泛关注，尤其是在发达国家与发展较快的区域表现尤为明显。

近年来，国内外文化创意产业发展实践表明，文化创意产业有着巨大的经济效应。本研究通过对北京市文化创意产业的研究也表明，文化创意产业对经济增长质量具有较强代表性的三个方面——经济增长、产业关联、就业效应——都有着明显的作用。因此，未来文化创意产业不仅是世界各国、也是中国实现经济转型发展而必须大力扶持和引导发展的一大产业。

本著作选题源于本人博士导师科研课题:《战略性新兴产业技术发展路线图研究》。在本研究和写作过程中,同门师弟李瑞龙、陆桂昌参与了数据收集、分析和处理,以及部分内容初稿的撰写。我与两位师弟在本研究的选题、构思、框架的搭建和写作过程中一起切磋,共同讨论,反复修改,最后由本人修改定稿。正是得益于两位师弟的大力投入与付出,本研究才得以顺利开展。在此,感谢师弟李瑞龙和陆桂昌的辛勤劳动;感谢我的博士生导师中国科学院科技战略咨询研究院黄思明研究员,中国科协创新战略研究院院务委员、创新评估研究所所长陈锐研究员,是你们的谆谆教诲使本人在中科院攻读博士学位期间具备了比较扎实的理论功底,掌握了基本的学术研究方法和具备了较强的研究能力;感谢北京市相关政府部门领导,为我们研究提供了大量的相关数据和资料;感谢湖南省社会科学院刘建武院长、周小毛、贺培育、刘云波、方向新副院长以及邓子纲副所长等领导的大力支持! 同时,也感谢我的家人对我长期的求学和科研工作的理解和支持!

由于笔者水平有限,本书中不足之处在所难免,恳请读者批评指正。

周永根

2017 年 6 月 5 日于长沙